「マインドフルネス×《かける》禅」であなたの雑念はすっきり消える

Yamashita Ryodo
山下良道

集英社

「マインドフルネス×《かける》禅」であなたの雑念はすっきり消える

ブックデザイン　鈴木成一デザイン室

「マインドフルネス×禅」であなたの雑念はすっきり消える　目次

はじめに

二一世紀に入り、日本でも、マインドフルネスという、心を整えるトレーニングが大きな話題になっています。既に体験した方もいらっしゃるでしょう。

マインドフルネスを続けると、誰でも、仕事のパフォーマンスや人間関係に驚くほどいい影響があるといわれます。その簡単なやり方を教えてくれる本や雑誌の記事、オンライン上の動画、そして都会の会議室などを使った参加しやすいワークショップなどもたくさんあります。

マインドフルネスは、今やストレスで壊れそうな現代人に対して、脳の専門家や心療内科医などがこぞって薦める健康法であり、うつ病からダイエット、受験勉強、認知症にまでエビデンスが認められると言われます。

アメリカでは二〇〇〇年代にアップル社やグーグル社が社員研修に取り入れ、今では全米の企業に普及しています。日本でも最近、大手IT企業などが導入を開始しましたし、アップル社のアイフォーンでは、ヘルスケアアプリの中にアクティビティ（運動）、栄養、睡眠と並んで、ユーザーなら誰でもマインドフルネスの記録が取れるよう、初めから設定されています。

マインドフルネスは、簡単にいえば、静かな部屋で椅子や床に座り、「今、ここ」を集中して感じる訓練です。今、息を吸っている／吐いている自分をあるがままに、判断しないで観察します。雑念が湧いたら、「ああ、雑念が湧いたな」と認め、しかしそれにこだわらずにすぐに手放します。そして再び、「今、ここ」の私を感じることに戻ります。

以上が、標準的なマインドフルネスの解説で、マインドフルネスの本や雑誌、講演、DVD、ワークショップでもほぼ同じ説明を受けるでしょう。

ただ、この説明を読むと、おやっと思う人は多いのではないでしょうか。

これって、日本人ならある程度親しんでいる「坐禅」のことじゃないの？　と。

禅寺とは違う、会議室などの現代的な環境で、マインドフルネスのワークショップはよく行われます。そこでは仏教的な要素はすべて取り去られているものの、指示されるのは「静かに座り、雑念を払って心を整える」ということで、これは私たち日本人が昔から慣れ親しんできた坐禅の要諦と同じです。アメリカやヨーロッパではいざ知らず、日本では、マインドフルネスを体験した人のほとんどが「結局、これまでの坐禅とどこが違うのか」と、率直な疑問を抱くでしょう。

ではマインドフルネスは、現代人に受けよくアレンジされた坐禅に過ぎないのでしょうか。非常におもしろいことに、当の禅僧たちの意見が割れています。似たようなものだという人から、マインドフルネスにかなり否定的な人までさまざまです。

厳密に言うと、マインドフルネスは坐禅ではありません。歴史的文脈がまったく違うからです。禅は東アジアの大乗仏教の中で、マインドフルネスは、実は、東南アジアのテーラワーダ仏教――スリランカ、タイ、ミャンマーなどアジア南方に伝わる仏教。上座部仏教、南伝仏教とも呼ばれ、初期仏教、原始仏教に近いとされる――の中で、それぞれ発展してきました。いずれも仏教をルーツに持ちます。ただ、歴史を無視して見かけだけに注目すると、両者が似ているという印象を持つ人は大勢いるでしょう。

それは長い歴史を通じて禅の文化がすみずみに行き渡った日本ならではの、マインドフルネスに対する独特の受け止め方です。マインドフルネスと禅との、このなんとも微妙な両者の関係を理解しようとしても、結局よくわからず、今もこんがらかっている日本人は多いはずです。

しかし、ひとたびマインドフルネスと禅の関係を、それぞれの歴史と内容の両方の視点からきちんと整理してとらえ直せたら、世界中で日本ほど、人々が悟りへとジャンプする準備が整っている国はないと言ってもいいくらいなのです。

その理由は本書で順を追って解説していきますが、禅とマインドフルネスが本質的な次元で結ばれて、新たに両者が統合されたものが出現したとき、それは今の社会にも大きな変革をもたらすことを確信しています。それがどういう変革なのかということも、本書の重要なテーマのひとつです。

この本は、日本人による、日本人のための、マインドフルネスと禅の本当の関係を真正面から扱った初めての解説書です。それぞれの立ち位置と目的をはっきり示し、両者がどう関係するかを明らかにします。

そのわかりやすい全体図があれば、最初にマインドフルネスに興味を抱いた人も、古くから禅に惹かれてきた人も、自分たちが地図のどのあたりを旅してきたかがよくわかるでしょう。そして、この先の、旅の行き先も見えてくるでしょう。

はたしてふたつのグループの人達は、今後も別々の道を旅していくのでしょうか。

この本を読む前、マインドフルネスと禅は、ふたつのまったく異なった地図で、それぞれ違う進路を示しているように見えるでしょう。でも読み進んでいただければ、実はふたつの地図は、ひとつの大きな地図の、びりっと裂かれた両片であるということがわかってきます。

ふたつを正しい位置でつなぎ合わせたとき、私たち日本人は仏教伝来より千数百年経って初めて、お釈迦様の教えについての完全な地図を手にすることになるのです。

そのひとつの大きな地図を俯瞰したとき、これまでバラバラに見えたふたつの道は見事につながってひとつの道になり、その本当の行き先も明らかになります。この本を読み終わる頃には、マインドフルネスと禅が通ってきたそれぞれの道筋は、なるほど、だからこうだったのか、と、すべての意味が手に取るようにはっきりわかるようになるでしょう。

そしてそれよりはるかに大事なこととして、ふたつの道が、これからなぜ、ひとつにならなければいけないのか、そしてその新しい道の行き先はいったいどこなのかがはっきりするはずです。

この、禅とマインドフルネスの関係こそ、実は私自身が悩み続け、自分自身の問題として取り組んできたものなのです。禅とマインドフルネス、ふたつの伝統それぞれの真ん中で学び、いったんはそのふたつのどちらとも離れたところに自分を置いて、自分の内側で両者を検討し続け、ついにそのふたつは統合できる、いや統合しなければいけないという結論に至りました。

その自分の内なる検討と、結論に至った道筋のすべてを、この本の中でみなさんとシェアしていきたく思います。

私は一九五六年に生まれ、大学卒業後に、内山興正《こうしょう》老師（一九一二～九八年）の流れをくむ、曹洞宗・安泰寺にて出家得度し、その後、「只管打坐《しかんたざ》」――すなわち「ただ座る」――の伝統の中で一八年間、座り続けました。その後、いろいろな事情があり、二一世紀に入ってから縁あってミャンマーに行き、テーラワーダ仏教のパオ・セヤドーのもと、今度は比丘《びく》として、マインドフルネスを中心に据えるテーラワーダの瞑想を修行しました。

つまり、ひとりの人間の中に禅とマインドフルネス、いずれもその伝統の真ん中での経験があり、片方ではなく、どちらの側の事情も踏まえたうえで、お話しすることができます。

ひとつの大きな地図に気づく旅は、私の、地図を求めてさまよってきた人生そのものでもありました。今、マインドフルネスを知り、禅と似ているようだけれども両者の関係がわからない、つまりいわばつながり具合がわからないふたつの地図を目の前にしている日本の人々は、数十年前の私とまったく同じです。ですからあえて予告しましょう。

マインドフルネスは、二一世紀の日本にやってきた「黒船」です。一九世紀と違い、今度は浦賀沖ではなく、目には見えない船ですが。

黒船に対する恐怖や戸惑いは、もちろんわかります。逆に大きな期待をかけ過ぎになることもよくわかります。なにしろ、相手の正体がわからないので。

禅もそうですが、わかったようでわからないのが、マインドフルネスの大きな特徴です。そのあたり、ひとつひとつ疑問を押さえながら、はっきりさせていきましょう。

この本は、マインドフルネスや禅を外から突き放して客観的に見るというより、それぞれの現場の中で私が体験したことを、より広い文脈の中へ位置づけていきます。なので、私自身の来歴を詳しく語りながら、それがそっくりそのまままみなさん自身のこと、日本の仏教そのものへと直接つながっていくような展開になるでしょう。

その果てに何が見えてくるか。

さきほども申し上げたように、それはきっと、これまでの禅でも、テーラワーダの文脈のマインドフルネスでもない、それらが必然的に統合されたものであると思います。

日本に帰国以来、さまざまな宗派の日本仏教のお寺でマインドフルネスを教えてきましたが、不思議と禅宗のお寺との縁はありませんでした。

ところが二〇一八年になって、私の古巣である曹洞宗のお寺でマインドフル・リトリートが始まり、ここにこそマインドフルネスの未来の姿があると確信しつつあるところです。なお、マインドフルネスにおけるリトリートとは、一日をかけて、あるいは宿泊しながら、瞑想を中心に生活のすべてをマインドフルに行う養生方法の一種です。日常の実践を通してマインドフルネスを学びます。

詳細は本文で述べますが、日常を徹底的に重んずる日本の禅宗の伝統が、真のマインドフルネスとつながることで、奇跡の化学反応が起きるのです。今まで地球上のどこにもなかったものが、そこから生まれてくる。この本はその最初の報告になるのではと思います。

では、マインドフルネスと禅をめぐる、冒険の旅に出発しましょう。

第一章

マインドフルネスと出合う

マインドフルネスとは

まずは「マインドフルネス」という言葉について、きちんと整理しておきましょう。

現在、日本の社会には「マインドフルネス（mindfulness）」という英語の単語が広まっています。その言葉の背景にはいくつかの文脈があります。

ひとつはアメリカのグーグル社、アップル社など、大手ＩＴ企業から生まれた、ビジネスの効率化を目的とした社員研修プログラムという文脈。

もうひとつの大きい文脈は、現代のうつ病を抗うつ薬の投与をせずに治療しようという、心療内科などで試みられているセラピー用の瞑想プログラムです。

このふたつの文脈で、マインドフルネスをテーマとするたくさんの書籍が出版され、雑誌の記事も頻出し、テレビ番組にも取り上げられていますので、ほとんどの人にとってマインドフルネスとは何かというと、一度は耳にした、どちらかの説明を思い出すでしょう。

ただ、それはあくまで仏教から生まれたあるひとつの言葉を、英語に置き換えた言葉です。日本では今まで、とかく仏教の言葉はむずかしい経文から切り取られた漢字の単語ばかりだったのに比べ、マインドフルネスは英語。そのままカタカナにすれば、ちょっとわかったような気になります。

このあたりに、かえってマインドフルネスの正体がわかりにくい理由があります。そしてさらに状況を複雑にしているのは、どちらかというと「わざと正体をわかりにくくしている」とでも言えるような別の理由が存在するからということもあるのです。

ひとつひとつ、丁寧に説明していきましょう。まず、マインドフルネスという英語の言葉はいったいどこから来たのでしょうか。

古代インドには、パーリ語という言語がありました。パーリ語は、今もスリランカ、タイ、ミャンマーなどに広がるテーラワーダ仏教で使われる、仏典の言葉です。その中の「サティ」という言葉が、マインドフルネスの原語にあたります。ちなみに、パーリ語と同じくインドの聖典の言葉であるサンスクリット語では「サティ」ではなく「スムルティ」となります。

テーラワーダの国々（スリランカ、タイ、ミャンマーなど）にパーリ語で伝わる仏典の言葉「サティ」は、それらの国の中で伝えられ、研究され、修行のうえでも重要視されてきました。テーラワーダ仏教は別名、「初期仏教」や「南方仏教」とも呼ばれます。文字通り、インドで約二五〇〇年前に興った仏教の、比較的「初期」のうちに「南アジアに伝わった」ものであるために、いろいろな仏教の宗派の中でも、一番直接的にお釈迦様の教えを伝えてきているとも言われます。

つまり実は、マインドフルネスとは、元の元までさかのぼれば、お釈迦様が使われた言葉だったのです。

私自身、このテーラワーダ仏教の国（私の場合はミャンマー）に行き、四年も過ごしたので、「マインドフルネス＝サティ＝お釈迦様の言葉」だというのは、私にとっては、今さら問題にするのもおかしいと感じるほど、ただただ当たり前の事柄と感じます。ですが、昨今のマインドフルネスブームでは、この最も基本的な由来に関する正確な情報が、どうもはっきり示されていないことに気がつきました。

この本を読み進めるとわかってきますが、「サティ」は、お釈迦様の残された膨大な言葉の中の、単なる一単語ではありません。もし仏教が何十万冊という蔵書を誇る図書館であったとしたら、サティはそのうちの一冊などという小さな存在ではなく、むしろ図書館全部にあたるような存在です。

つまりサティは、いわば仏教そのものなのですが、現在、西洋を中心に広まっている「マインドフルネス」という言葉でそれが表現された場合、そのように中心的な位置付けにはなっているとは言いがたいのです。

マインドフルネスという単語の成立した、歴史的な経緯は明らかです。テーラワーダの国で大切に保持されてきたサティが、仏教僧たちに助けられながら、西洋の人々自身の手によって、西洋にもたらされました。そのとき、サティは、その故郷を示す仏教の文脈から離れ、西洋の世俗的文脈にうまく適応するべく、さまざまな工夫を受け入れました。そうやって生まれたのが、英語で表現された「マインドフルネス」なのです。そしてそれは、そのまま今の日本に怒濤のように流れ込んできています。

つまりサティは、お釈迦様の菩提樹の下での悟りと深く関係する仏教の文脈の話でしたが、英語に翻訳されたとき、その仏教的なストーリーはすとんと抜け落ちたのです。そして、マインドフルネスという、非常に抽象的な表現だけが意図的に残されました。

というわけですから、グーグル社が開発したマインドフルネスに基づく社員研修を受けても、心療内科でマインドフルネスに基づくうつ病の治療を受けても、みなさんは、そこに菩提樹の下に座っていらっしゃるお釈迦様を思い浮かべることはありません。

それはある意味当然の話です。社員研修の現場、心療内科の現場に「宗教」に立ち入ってもらっては困るからです。もしマインドフルネスが、仏教という特定の宗教のものである、と、限定条件の付いた言葉であったならば、いろいろな信仰を持つ人々が働く会社組織の研修で、あるいは、どんな宗教の人であれ受け容れなければならない心療内科の現場で、無用な混乱が起こったことでしょう。

こうして「マインドフルネス」から菩提樹の下のお釈迦様という連想は消え、仕事の効率化をはかりたいビジネスマンや、うつから解放されたいクライアントに、「科学的」な「心のトレーニング法」であるマインドフルネスがもたらされました。そのわかりやすいエビデンスとして、たくさんの脳内画像や、うつ病の再発率が非常に低いというような統計資料とともに。

では、もともと仏教国ではない西洋諸国ではともかく、基本的に仏教国である、ここ日本で、そういう「オリジンを隠蔽されたマインドフルネス」に出合った場合、今の日本人はそれをどう受け止めるでしょうか。

何かわけのわからないものという印象を持つのは当たり前かもしれませんね。そればかりか「マインドフルネス＝うさんくさい輸入カルチャー」というような誤解も生じるかもしれません。

そのような誤解はこの本を読んでいただくことで解消しますが、現状として、お釈迦様の菩提樹の悟りそのものであるマインドフルネスが、仏教国である日本で、逆にうさんくさいものに見えてしまっている。このあまりにも皮肉で、のっぴきならない事態をわかっていただけるでしょうか。

なぜマインドフルネスは仏教的な背景を隠さなければいけなかったか。

理由はすでに述べました。そこにはそれなりのロジックがあります。会社として社員研修の費用を出すのだから、それが特定の宗教であっては困る。科学的であるべき精神医療の現場に、宗教が入ってもらっては困る。

でもマインドフルネスがどこから来たのか、その正体が見えなくなった結果、私たち日本人がこうむる大きな損失を考えたとき、取るべき道は明らかではないでしょうか。まず「マインドフルネス＝サティ」を詳しく整理したいと思います。どういう歴史がその言葉の裏に隠されていたのか、そして真実の歴史が見えてきたら、そこに何が見えてくるのか、という話です。

マインドフルネスを日本語で言うと

現代の日本語で「マインドフルネス＝サティ」に当たる言葉はというと、通常「気づき」という訳語を当てます。ただ、「気づき」だとあまりにありふれた日本語で、聞いてもあまりインパクトがありませんね。

そこで、「気づき」という単語に代わり、聞き慣れない「マインドフルネス」という英語を、そのままカタカナで使うことが主流になってきました。

「え？　マインドフルネス？　何だろうそれ」、と、新奇なカタカナ語は人々の注目を集めます。そのパワーを普及の原動力に利用してきたということです。

ここまでをまとめますと、テーラワーダ仏教の国が伝えてきたパーリ語のサティという言葉が、西洋の文化に適応する過程でマインドフルネスと訳された。それが英語のまま、現代の日本に、複数の文脈で流れ込んできたというのが、ここ十数年の間に起こった事実です。

みなさんは、おそらくすでに「マインドフルネス」という言葉に何か腑に落ちないものがあると感じているでしょう。マインドフルネスの歴史をさかのぼれば、サティというインドの古い言葉がもとにあり、それはお釈迦様の教えでもある。ならばそれに対応する言葉が、日本仏教の中にもあるはずだ。立派な漢訳仏典の中に、お釈迦様の教えはすべて入っているはずだろうから。

そう考えるのはもっともです。では、お釈迦様の教えであるサティは、漢訳仏典の何にあたるのでしょうか。

答えを言う前に、少し考えてみましょう。サティは気づきの意味なのだから、気づきを意味する漢訳仏典の言葉はなんだろう。……わかりましたか。たぶん、答えは思いつかないと思います。その思いつかないところに、実は重大な真理が隠され、この本の大きなテーマになっていくのですが。

ぐずぐずしないで答えを言いましょう。それは「念」です。「えっ、『念』?」。みなさんの怪訝な顔が目に浮かびます。曹洞宗の修行僧として何年も漢訳仏典を勉強しながら只管打坐したあと、アメリカで初めてマインドフルネスに出合った私は、リアルにみなさんの「怪訝な顔」を想像できます。なぜ? それは、マインドフルネスに初めて遭遇したときの、当の私自身の顔でしたから。

一九八〇年代の終わりのアメリカで、私はマインドフルネスに初めて出合いました。その中でもベトナムのティク・ナット・ハン師がくり返し説く「いつもマインドフルでいなさい」という教えが、なんとも腑に落ちませんでした。

「マインドフルであること? え、そんなもの聞いたことないぞ」私はそれまで曹洞禅の只管打坐という道の、ど真ん中を歩いていると自負していました。その自分が知らないマインドフルネスに、どうしても疑いの目を向けざるを得ませんでした。

しかし誰が見ても確かに、マインドフルネスは漢字のお経に「念」と記述されているもの。これはいったいどういうことでしょう。

サティというお釈迦様の教えが、マインドフルネスと訳されて、西暦二〇〇〇年前後から西洋の国々より日本に届き始めた。日本は聖徳太子以来の仏教国なのだから、すぐに「サティ」にあたる漢訳すなわち日本語の仏教用語を提示できなかったらおかしいでしょう。

たとえば、パティッチャサムパダーというパーリ語があります。英語でディペンデント・オリジネーションと訳されます。その英語を聞いたとき、日本の仏教僧は一瞬で、あ、それは「縁起（すべてのものごとは関係し合いながら存在している）」のことだなとわかるわけです。テーラワーダの縁起の教えと日本の大乗仏教のそれは、細部は違っていたとしても、基本の意味はもちろん共有しているので。

ところが、仏典のキーワードの翻訳では、パティッチャサムパダー＝ディペンデント・オリジネーション＝縁起のように美しくつながるはずの等号が、マインドフルネスの場合はつながらないのです。サティ＝マインドフルネス＝念となるはずなのに、ならない。残念ながら。

今、私たちは不思議な光景を見ています。日本の仏教のど真ん中で修行してきた禅僧にはマインドフルネスがぴんとこない。それは私自身が証言台に立っていくらでも証言できます。ところがいっぽうで、「念」はきわめて普通に使われる仏教用語でもある。雲水（禅の修行僧）としての私も、もちろん知っていた。でも、念＝マインドフルネスと、どうしても等号ではつながらない。

一九八〇年代の終わりに、私はアメリカでそれを経験しましたので、二一世紀に入って日本にマインドフルネスが入ってきたときの禅僧たちのとまどいも、非常によくわかるのです。それは三十数年前にとまどっていた私自身です。

このあたり、マインドフルネスを、仏教とはあまり関連付けないで考えてきた方々には、もしかしたらどうでもいい話に聞こえるかもしれません。

しかし、もしこの不思議な光景を徹底的に分析していったなら、私たちはマインドフルネスと日本の仏教、ひいては日本の精神文化そのものを、大きく前進させることができるかもしれないのです。

この本はその謎解きをしようという目的で書かれました。その謎を解くことは、単に山下良道という仏教僧が個人的にぶちあたってきた問題ではなく、もっと広い、すべての日本人に関係する文脈の問題だからです。

では、マインドフルネスの訳語として、「気づき」はインパクトがなく、念もぴんとこないとすると、どの仏教用語がそれに近いでしょうか。語学的にイコールというより、意味の上でイコールといえる言葉をふたつあげます。どちらも、日本仏教に関係したり、勉強したりしたことのある方なら誰もが知っている、しかもその中で最も重要とされる言葉です。

ひとつは、般若心経の中の言葉です。このお経の主人公は観自在菩薩《アバローキテーシュバラボディサットバ》。この「観自在」こそマインドフルネスのニュアンスを伝えているといえるでしょう。

もうひとつは、坐禅の言葉。坐禅をしている人間にとって入門の教科書であり、極意の書ともいえる、道元禅師が書かれた『普勧坐禅儀』の中の非常に有名な言葉、「非思量《ひしりょう》」です。

「観自在」「非思量」このふたつの意味するところが、マインドフルネスの意味するものに、一番近いのではないか。これはひとまず、大乗仏教とテーラワーダ仏教いずれも修めた者の直感に基づく仮説です。「観自在」「非思量」いずれも非常に重たい言葉です。なにしろ観自在は、日本の仏教の歴史の中で、最も重要とされてきたお経、般若心経の鍵であり、非思量は坐禅を行う際に最も重要なポイントを指す言葉ですから。

もしマインドフルネスが、それほど重たく、深い意味を持つならば、単なる日常レベルでの、誰もが知っているような「気づき」ではないということだけはもう予想できるでしょう。今の日本語の「気づき」という訳ではあまりにも表層的で、漠然としていて、何に気づくのか、気づくとはどういうことか、まったくわかりません。

しかし、観自在であり、非思量であるとしか言い表せないくらい深いものを、「マインドフルネス」あるいは「サティ」は秘めている。なぜ単なる日常の気づきではないのか。

むしろマインドフルネスこそは、いわば日本人が二一世紀の頭に出合うべくしてやっと出合った、ある種の宝物であるということです。今までだって、観自在と非思量は、最も重要な概念だと日本人は位置づけてきたけれど、その本当に意味するところは、よくわからなかった。それが、もしかしたら、マインドフルネスを通して真の意味に触れられるかもしれない。実感できるかもしれない。

マインドフルネスが突然、現れたように見えるのは、先に述べたようにその出自が見えなかったためですが、いっぽうではそのようにわざと見せていることも指摘しました。社員のストレスを軽減してビジネスのパフォーマンスを上げるという、企業経営者たちの都合からすると、古くさい宗教の衣などないほうがいいのだから。

でも今はもうその段階はすでに終わっています。マインドフルネスの日本上陸から約二〇年、私たちは、はっきりとマインドフルネスの本当の由来を理解しなければばいけない段階に来ています。そうしなければ、昨今のマインドフルネスブームは、やがて行き詰まってしまうでしょう。現に社員研修のマインドフルネスは壁にぶつかっているようです。あるいは飽きられている。いつまでこの瞑想を続けるの？　と。

しかし本来、マインドフルネスには、とてつもないパワーが秘められています。お釈迦様の教えの中のあるものが、ひとつの伝統にはしっかり伝わり、別の伝統にはうまく伝わらなかった。それが現代のグローバルな視点からはっきり見えたとします。なぜ伝わらなかったのか、伝わったとしても、果たしてそれは正しく伝わったのか。そのあたりを徹底的に検証したとき、元の教えは二五〇〇年を経て初めて全容を現すかもしれません。

マインドフルネスなるものに、ある意味、ずっと翻弄されてきた私が、自分の仏教僧としての今までを振り返り、そして未来を思ったときは、このようなビジョンを持たざるを得ないのです。

マインドフルネスと私

でも、慎重にみていきましょう。焦らずに。

まずは、マインドフルネスが、どうやらあまりうまく伝わったとはいえない日本の仏教、特に禅（私自身が禅僧だったので、自分が一番なじみのある領域に絞ります）とマインドフルネスを巡る、不思議としか言いようがない関係を見ていきます。これは文献に基づく日本の禅宗史の分析ではなく、私が禅の現場で経験したことが中心の、いわば現場ルポです。

まず、私自身の一八年間、只管打坐したストーリーを駆け足でご紹介しましょう。すでにその一部に言及しましたが、前後関係がわからないでしょうから、最初に簡単な個人史を述べます。

私は、曹洞宗の禅僧として、純粋な只管打坐の流れの中にいた人間です。紫竹林安泰寺という、近代の只管打坐の中心にいらした澤木興道老師、内山興正老師の流れをくむお寺で、自給自足の生活をしながら坐禅をするというのが、私の仏教僧としての出発点でした。西洋の学問を学ぶ一般の大学を卒業してすぐに、それまでとは真逆の生活の中に飛び込みました。

安泰寺のあと、四国の新居浜にある瑞應寺専門僧堂で、曹洞宗僧侶として基礎教育を受け、一九八八年、今から約三〇年前に、私は開教師として、アメリカの東海岸にあるヴァレー禅堂という禅センターに派遣されました。ヴァレー禅堂は安泰寺の先輩によって創立されましたが、私の行く一年前に、兄弟弟子である藤田一照さん（『アップデートする仏教』〔幻冬舎、二〇一三年〕の共著者）が行っていました。当時のヴァレー禅堂は、若いふたりで、さあ、アメリカに只管打坐を広めるぞという高揚感に包まれていました。

日本の修行道場にいるときも、その後のアメリカでも只管打坐というものに対する疑いはいっさいありませんでした。一照さんと一緒に、ヴァレー禅堂に来るアメリカの人々に、時には大学などへも遠征して、「Just sit！（ただ座りなさい）」と教えていました。一〇〇%の自信をもって。

私自身は、自分がやってきたこと、教えていることに、いっさいの疑いもなかったのですが、アメリカでは、日本で出合うことのなかった、いろいろな仏教の流れに出合いました。まず、アメリカに最初にきた仏教は日本の禅でした。ふたりのSuzukiと言われる鈴木大拙師と鈴木俊隆老師によって。一九八〇年代の終わりとなると、それに加えて、アジアからの多様な仏教の流れが届いていました。

日本では出合うことができなかった、アジアのさまざまな伝統の仏教に、私はそこで出合ったのです。日本でも、アジアの国でもなく、アメリカで、というのが少し変わっていますが。

そしてそれは、出合ったというよりも、むしろこの身をさらされたという感じでした。日本で育った只管打坐の伝統の中にのみ安住していたいのに、いやでもそれ以外のものが、すぐそこにある。

その中に、当然のことながら、この本の主題であるマインドフルネスがありました。すでに述べたように、それは、その当時の私、つまり只管打坐の純粋培養だった若き曹洞宗の禅僧には、まったく理解できないものだったのです。

当時、つまり一九八〇年代の終わりというのは、ベトナムの禅僧であるティク・ナット・ハン師がちょうど活動を開始された時期でした。テーラワーダ仏教そのものが布教されるのは、それより少し後になってからです。テーラワーダの流れでは、インド系ミャンマー人のゴエンカ師が、アメリカ各地に盛んにヴィパッサナーセンターの建設をなさっていました。ヴィパッサナーとは、ある対象をマインドフルに観察する瞑想のことです。ヴィパッサナーの対象は身体の感覚、呼吸、心の中の感情など、さまざまなものがあります。そして、私のいるヴァレー禅堂の隣の町にも、東海岸では最初になるヴィパッサナーセンターがありました。

慣れ親しんできた只管打坐の外に広がっている、さまざまな仏教の伝統。それらに背を向けたままなのもあまりよくないと、まずは一番親しみを感じたティク・ナット・ハン師の本を読んでみました。英語で仏教を表現するのに苦労していたので、その勉強も兼ねて。ハン師の本は、大学町にあるスピリチュアルな本の専門店では、書棚の広いスペースを占めていました。

ティク・ナット・ハン師の本は非常に平明な英語で書かれているので、すらすら読めて、仏教を英語でどう表現するかに苦労していた我々にはまさにうってつけの本だったのですが、その中に不思議な言葉がありました。はい、それがマインドフルネスだったのです。

マインドフルネスという言葉は、その本の隅で数回だけ使われた言葉ではなくて、その本のど真ん中にあるのです。というより、マインドフルネスが、ハン師の本のほとんどのメインテーマなのです。あらゆる比喩やロジックを使いながら、結論としては、「マインドフルでいなさい！」ということしか言っていない本だったのです。それくらい重要な言葉でしたが、その肝心かなめのマインドフルネスが何なのか、私にはわかりませんでした。

私は仏教の素人ではないはずなのに。きちんとした禅僧としての教育を受け、アメリカ人に坐禅を教えるために派遣された人間なのに。でも、わからなかったのです、マインドフルネスの意味が。そして、どうしてそこまで、マインドフルネスが非常に重要なのかということが。

ここまでをまとめますね。

私、山下という禅僧は、曹洞宗の純粋培養で育ち、日本の修行道場はもちろん、海外の布教先であるアメリカでも、只管打坐に対する疑いは持たず、アメリカの人々にも自信をもって「Just sit !」と教えていた。

ただ、アメリカには、すぐそこにアジアのいろんな仏教が到着していて、少し目を向けてみると、ティク・ナット・ハン師がいらした。シンプルな英語で書かれた師の本を読んでみると、マインドフルネスという不思議な言葉を見つけた。私にはそれが何のことか理解できなかった。何だかとても気になったのですが、そのときはそのままになりました。今から約三〇年前のことです。

アメリカにいたとき、本の中でのみ知っていたそのティク・ナット・ハン師に、日本に戻ってきてから、不思議な縁で、実際にお会いすることになりました。それは一九九五年の四月のこと。どういうタイミングかおわかりですね。地下鉄サリン事件によって、日本中がパニックになり、恐怖で打ち震えていたときでした。

特に、宗教に関わるものにとって、宗教の中から出てきたテロリズムに直面するという、非常に辛い時期でした。そのとき、事件以前から計画されていた予定にしたがって、ティク・ナット・ハン師が来日され、ほぼ一カ月にわたり、日本各地で講演会、リトリートをされました。その専属通訳が藤田一照さんだったので、便宜を図ってもらって、少人数でお会いすることができました。我々、日本仏教に関わる者たちの窮状を、直接訴える機会があったのです。

実際のティク・ナット・ハン師は、これまで会ったどのお坊さんともまったく違う雰囲気の方でした。小柄で痩せた身体の中に、鋼鉄の強さを秘めている。でもそれは単なる強さではなく、とてつもない慈悲とともに。こんな方は初めてでした。

日本の仏教者たちが置かれた窮状を静かに聞いておられた師は、これからどうすべきかを話されました。実はそのときのアドバイスが、その後の私を動かしたともいえます。

ともあれ、日本仏教史上、最大の危機にみまわれていた私たち僧侶にとって、その困難を打ち破るのは「マインドフルネス」であるらしいことを教えていただいたのです。

そう、マインドフルネス。アメリカで初めてそれに出合ったとき、まったく歯が立たなかったもの。見当がつかなかったもの。でも、マインドフルネスを体現しているティク・ナット・ハン師に実際に出会って、圧倒的なその存在の大きさ、温かさに、その方の説くマインドフルネスに挑むしかないことだけはわかりました。それがいったい何かは、相変わらず、わからないままでしたが。

地下鉄サリン事件により、私は、日本の宗教界はすっかり焼け野原になったと感じていました。すべてを失った以上、今までと同じ歩みをすることはもうできませんでした。私には、普通に曹洞宗のお寺の住職になるという選択は、もうなかったのです。

あの教団が、日本の宗教者全員の喉元に突きつけた問題を解かない限り、もう一歩も進めない。そう考えた私は、高知県の日本最後の清流といわれる四万十川源流の村の空き家を借りて「渓声禅堂」と名付け、少数の友人達と、細々と坐禅生活を始めました。何もかも根本的に考えよう、と。

渓声禅堂の建立目的は、菩提樹の根元に座っていらっしゃるお釈迦様に還るというものでしたが、そのためにはマインドフルネスが最も重要な鍵であることはわかっていました。私にとって、ことあるごとに目の前に現れてくる、因縁浅からぬ相手。

高知の山奥で、しばらくマインドフルネスって何だろうと調べていったら、マインドフルネスの本拠地はテーラワーダ仏教であることがわかってきました。マインドフルネスはテーラワーダから来ているのか……と。ティク・ナット・ハン師はベトナムの禅僧ですが、マインドフルネスに関しては、テーラワーダから学んでいるのだ、と。

ですから私も、日本でテーラワーダを勉強し始めました。最初は、日本で日本語で教えていらっしゃる長老達のもとで。でも、どうしても本場に行って、その中にすべてを投げ入れて学びたい。そうしない限り、肝心かなめのところは、中途半端な立ち位置では何も学べないだろう。でも、どこへ。

そう思っていると、なんと今、パオ・セヤドーという、ミャンマーの有名な瞑想の先生が日本に滞在しており、今度、英語の講演をされるので、その通訳をしてみないかという、夢のようなどんぴしゃの話が私にオファーされてきたのです。

なんというタイミングだったことでしょう。実際にお会いしたパオ・セヤドーは、ハン師と同様に、それまでお会いしたお坊さんとはまったく違った方でした。この方は、今の私の知らないこと、想像すらつかないことを知っていらっしゃる。それだけは明確にわかりました。講演の通訳を終えたあと、このままミャンマーへ連れて行ってくださいとお願いすると、にこにこと快諾されたのです。ビザなどの関係で、それからミャンマーに行くには二カ月の準備期間が必要でしたが、それは二〇〇一年七月のことでした。

実際に訪れたパオ森林僧院で、マインドフルネスを中心とするミャンマーのテーラワーダ仏教が、お釈迦様の直接の教えとして伝えてきたものを、理論と実践の両方から徹底的に学ばせていただきました。しかもパオ・セヤドーと直接、二日に一回はお会いしながら。それがどれほど幸運だったか、あとから振り返ると感謝の言葉もないくらいです。

そして私は、パオ森林僧院で学べることはほぼ学び終わり、スリランカの森林僧院も経験したあと、ネパール経由で、日本に戻ってきました。二〇〇六年の夏のことです。

以上の個人史を見てもらえば、私の半生は、まさにマインドフルネスというものに翻弄され、そして導かれた、仏教僧としての半生だったとご理解いただけるでしょう。

日本の禅僧たちのマインドフルネスへの複雑な思いもわかります。私自身が抱いた思いですから。

テーラワーダの伝統が伝えてきたマインドフルネスが、どういうものかもわかります。ミャンマーで最も正統的な指導者のもとで徹底的に学ばせていただいたので。

ミャンマーの瞑想は、サマタ瞑想、ヴィパッサナー瞑想のふたつから構成されます。サマタ瞑想は、瞑想対象に集中することで心を落ち着けます。静まった心で対象を観察するのがヴィパッサナー瞑想です。どちらも、マインドフルネスが基礎ですので、ミャンマーの瞑想コースを学べば、マインドフルネスについてよく理解できるのです。

そんな私には、今、不思議な不思議な光景が見えています。只管打坐の経験と、テーラワーダの経験の両方を持ったとき、片方だけでは見えなかったことが見えるのです。この、禅とマインドフルネスが融合する物語は、今、始まったばかりです。

第二章

マインドフルネスが日本に来た意味

なぜそれを黒船というか

「はじめに」で、マインドフルネスは日本にとっての黒船だと述べました。では「黒船」とはそもそもどういう事象を指すのでしょうか。

長い間何も変わらなかった。それに関わる人の納得がいったうえなら、変わらなくても何も問題ありませんが、実は誰もが納得がいっているわけではない。ただそういうことになっているから、そういうことになっているという、同語反復の世界。その中で言挙げするのは、ものすごい勇気とエネルギーが必要なので、あえて何も言わないで黙っている。


そういう状況がずっと続き、これからもたぶん続くと思われたときに、突然思いもかけない事態が、その世界の外で起こる。外から力が加わり、今まで通りではもう済まなくなる。外からの力は、邪悪な力か、それとも良きことをもたらす希望の印か。

邪悪な力だったら、なんとかその悪影響を防いで、今まで通りのものを守ろうとすべき。もし、希望の印なら、むしろそれと共同戦線をはり、停滞に終止符を打って希望に満ちた未来を目指していく。

マインドフルネスという黒船は、果たしてどちらなのでしょうか。私の立場はこれまで述べたように、それは希望に満ちた未来をもたらすだろうという認識なのですが、もちろん現時点で、マインドフルネスに対するたくさんの疑いがあることも知っています。

もう少し、客観的な事実を見ていきましょう。マインドフルネスが日本にもたらされた文脈には、大きく分ければふたつの流れがあるでしょう。ひとつはテーラワーダ仏教。もうひとつは、アメリカ流マインドフルネス。

日本の仏教をはじめとする宗教現象を追っていた人なら、誰もがあのときが転換点だったと認識しているように、一九九五年を境として、日本では、宗教に対する社会の雰囲気ががらりと変わりました。それはいうまでもなく、地下鉄サリン事件等の宗教的テロリズムの結果です。それまではオカルト的なものをうさんくさく思いながら、それでもまあ、冗談交じりで寛容に受け止める雰囲気はありました。当時のテレビのバラエティ番組を見れば、それは明らかです。

ところが、あのテロの実態が次々と露呈するにつれ、あまりのことに日本国民は呆然としました。そうであるなら、とても、そのオカルト的なものを受け容れることはできない。その後、それらは全面的に否定されるようになりました。その日本の雰囲気にぴたりと合ったのが、テーラワーダ仏教だったというのは自然な流れです。

スリランカやタイ、ミャンマーなど、東南アジアのテーラワーダ仏教の国から日本にやってきた長老たちは、彼らが連綿と受け継いできた、純粋なお釈迦様の教えを、日本で直接、説くようになりました。テーラワーダ仏教の中には、オカルト的な要素はまったくありません。正反対の、とても理性的な仏教です。その教義は非常に論理的に組み立てられており、それにしっかりと根ざした実践が行われています。テロリズムとは最も縁遠い仏教に思えたことにより、テーラワーダはその後多くの日本人の気持ちをつかみました。私自身、一九九八年くらいから、日本におけるテーラワーダ仏教と関係を持ちましたが、伝統的な日本の大乗仏教では見られなかった熱気がそこにあることに驚いたものです。

二一世紀に入り、テーラワーダ仏教の広まりはさらに加速して、日本のいくつかの都市部にきちんとしたセンターや、瞑想リトリートをするための場所などが整備されていきました。今ではすっかり日本の中に溶け込んでいます。その定着ぶりがわかるのは、書店の仏教書のコーナーでしょう。この二〇年あまりのテーラワーダ仏教の書籍が、書店の棚に占めている面積は驚くほどです。特に三〇年以上前の、大乗仏教ばかりだった仏教書のコーナーを覚えている人には。

テーラワーダの仏教書の中では、英語のマインドフルネスという単語はあまり使われず、気づきという日本語か、サティというパーリ語の原語がそのまま使われていました。もちろん、すべて同じ意味です。

日本におけるマインドフルネスという単語は、テーラワーダ仏教の国からではなく、アメリカからの直輸入という形を取りました。アメリカでは、一九八〇年頃よりテーラワーダの瞑想指導にヒントを得た、医学的なマインドフルネスのセラピーコースが始まり、それは精神医療の一環なので仏教的な要素は削がれていました。その効果はビジネス方面からも注目され、グーグル社などが社員研修プログラムとして開発し、非常に人気が出ました。このふたつの流れが、二〇〇〇年以降に、「アメリカ流マインドフルネス」として日本にやってきたわけです。

まとめるとこうなります。このあたり、整理されていないと、不必要な混乱を生むので、あえてざっくりと整理します。

① テーラワーダ仏教の国から、一九九五年以降の日本の宗教的な雰囲気に見事に合致して、人々の心をつかんだもの。この流れでは、英語のマインドフルネスという言葉よりも、日本語の「気づき」、そして多くの場合、原語の「サティ」がそのまま使われた。

② アメリカから、いわばアメリカ流マインドフルネスとしてやってきたもの。これは当然、英語のマインドフルネスという言葉を使っています。アメリカ流マインドフルネスはふたつの流れから成ります。精神医療の中でセラピーに使われるマインドフルネスと、それを一般人に応用した、社員研修プログラムとしてのマインドフルネス。

私たちがよく目にするテレビ番組や、新聞、雑誌の記事になっているのは主にこちら、アメリカ流マインドフルネスです。

みなさんが、今の日本で出合うのはこのふたつです。②のマインドフルネスは①の応用編ですから、仏教の国である日本の私たちが真剣に検討するべきは、①のテーラワーダのほうでしょう。私自身、①のマインドフルネスは、自分自身がその伝統に飛び込んだので、詳しく理解しています。②のマインドフルネスは、それを治療に使っている精神科医や臨床心理士さんたちとの交流で、現場の雰囲気はわかります。

この本はこれ以降、②のマインドフルネスも視野に入れつつ、①のテーラワーダ仏教の中の「サティ＝マインドフルネス＝気づき」を主に議論の対象としたいと思います。

仏教とはサティのこと

日本にやってきたテーラワーダ仏教は、我々がこれまで何百年と親しんできていた大乗仏教――お釈迦様の教えをより発展させ、大衆の救済を目指す仏教。紀元前後に始まり、主に中国、朝鮮、日本、チベットなどに伝来した。北伝仏教ともいう——に比べるとかなり異なっており、初めてそれに触れる日本人には、同じ仏教とは思えないくらい新鮮に感じられると思います。

テーラワーダでは、個人個人がお釈迦様の教えてくださった修行方法によって悟りを目指します。その悟りとは、この世に輪廻転生し続けてしまう自分の業（カルマ）を、いつか完全に消し去ることです。

その修行方法の中心にマインドフルネスがあるのです。ずっと述べているように、パーリ語でマインドフルネスはサティといいますが、ミャンマーのパオ森林僧院で私がパオ・セヤドーから直接教わった瞑想メソッドも、基本はサティでできています。というよりも、サティを基礎としてもたない教えは、テーラワーダの中では、まず考えられないというほうがよいでしょう。そのくらい重要な言葉です。

サティとは仏教のど真ん中の教えです。この「サティが最重要だ」という感覚は、テーラワーダ仏教の風土ではあまりにも当たり前すぎるので、テーラワーダの側からすると、サティがよくわからないと言われても、それこそよくわからないのです。つまりそのぐらい、テーラワーダと日本の仏教では、サティをめぐる意識が違うのです。私もミャンマーに四年滞在して、骨の髄までそのことを実感しました。

サティがなぜそこまで重要か。それを知るのは簡単です。仏教の文献の隅々まで点検する必要もありません。誰もが読むような仏教の入門書の中に、すべて書いてあります。

今から約二五〇〇年前のインド。ブッダガヤという小さな村の菩提樹の根元で、お釈迦様は悟られました。その悟りの内容を十分に吟味したあと、それを世間に発表するために、その頃のスピリチュアルな首都ともいえるバラナシの近くのサールナート(鹿野苑《ろくやおん》)に行かれ、そこで最初の説法をされました。

それが四諦《したい》・八正道《はっしょうどう》といわれるものです。

四諦とは何か。苦集滅道という四つの諦。諦とは真理のことです。

苦諦《くたい》　この世界は基本的に苦しみから逃れられない構造になっている。それは、運が悪かったとか、努力が足りなかったとか、あの人のせいだとかではなく、どうしても必然的に苦しむことになっている世界。

集諦《じったい》　その苦しみは、何の理由もなく苦しいのではなく、そこにははっきりとした理由がある。原因がある。原因がわからないと、お手上げだけれども、原因がわかればなんとかなるかもしれない。

滅諦《めったい》　その原因を滅することで、苦しみはなくなる。そういう力強い発言。

道諦《どうたい》　そして原因を滅するための具体的な方法。

この世が苦であるなら、私たちの関心は、道諦という具体的な方法ですね、苦しみの具体的な治療法。それを知りたい、となるはずです。

それが八正道です。八つの正しい治療法は、正見《しょうけん》、正思惟《しょうしい》、正語《しょうご》、正業《しょうぎょう》、正命《しょうみょう》、正《しょう》精進《しょうじん》、正念《しょうねん》、正定《しょうじょう》ですが、この場合、英訳をつけたほうが、わかりやすいでしょう。

1　正見　Right View　正しいものの見方
2　正思惟　Right Thinking　正しい思考
3　正語　Right Speech　正しい話し方
4　正業　Right Action　正しい行動
5　正命　Right Livelihood　正しい生活手段
6　正精進　Right Effort　正しい努力
7　正念　Right Mindfulness　正しいマインドフルネス
8　正定　Right Concentration　正しい禅定《ぜんじょう》（心が鎮まり、定まること）

正見と正思惟が、智慧。そのためには、正しい生活が基礎になる。正しい生活が正語、正業、正命です。正しい生活を基礎として、正しい智慧を生むためにしなければいけないことが、正精進、正念、正定です。

つまり、生活をきちんと律した後、正しい瞑想のための準備をして（正精進）、正しい瞑想（正念）をして、正しい瞑想の境地（正定）に入っていく。そこから、正しいものの見方（正見）とそれに基づく正しい思考（正思惟）が生まれていく。

では八つの正しい道において、正しい、正しくないを実際に分けるのはいったい何でしょう。単純に頭で考えてわかることでしょうか。いいえ、どうやら違います。まず、正念というものをしなければならないようです。その結果、正定に入り、そこがすべての智慧の源となるようですから。

八正道の七番目、正念の原語はサンマーサティです。サンマーは正しいの意。ですのでサティと合わせて、「正しいマインドフルネス」となります。

こうして見ると、仏教全体が正しいマインドフルネスの上に成り立っていることがわかるでしょう。正しいマインドフルネスをするための、正しい準備をして、そしてマインドフルネスによって、何か今まで知らなかった世界が開かれる。そこに智慧の源泉がある。正しい世界の見方も、正しい世界の認識も、すべてそこから来る。

この、正念を基礎とする八正道が、お釈迦様が長い布教生活の最初に発表された教えです。お釈迦様はその後も一貫して、それを教え続けられました。入滅前にもう一度「マインドフルネスを忘れるな」とお弟子さんたちに言い残されています。

正しいマインドフルネスというのが、一番初めに発表された教えであり、生涯の最後に遺言として残された教えでもある。このことからも、マインドフルネスが、図書館の何十万冊の蔵書の中の一冊の本というような位置づけではなく、いわば仏教そのものだと理解していただけるでしょう。

お釈迦様の最後の教えは、テーラワーダ仏教の中だけでなく、東アジアの漢訳仏教の伝統の中でもはっきり伝えられています。「遺教経《ゆいきょうぎょう》（仏垂般涅槃略説教戒経《ぶっすいはつねはんりゃくせっきょうかいきょう》）」といわれるそのお経は、日本人の生活に深く入っているお経です。曹洞宗などでは枕経としても読まれます。枕経とは、どなたかがお亡くなりになったときに、とにかく取るものも取りあえず、お通夜やお葬式の準備を始める前に、呆然としている遺族が皆集まったところに檀那寺のご住職に来ていただき、故人の枕元で読んでいただくものです。遺教経自体も、お釈迦様の亡くなる直前のお話ですので、読経していただいて、いっそう心に染みる経験をされた方も多いでしょう。

お釈迦様の遺言を伝えているともいえる、このお経の中で、お釈迦様は「汝達比丘（あなたたち比丘たちよ）」と呼びかけ、お弟子さんたちに最後の教えを授けられます。その中から、最も重要な八つをまとめたものが「八大人覚《はちだいにんがく》」といわれるものです。いわば遺教経のエッセンスが八大人覚と言ってもいいでしょう。

そして八大人覚は、実は『正法眼蔵《しょうぼうげんぞう》八大人覚』として、道元禅師の最後の教えにもなりました。つまり、八大人覚は、お釈迦様と道元禅師、私にとって最も重要な先生おふたりのご遺言であるという、重大な教えでもあるのです。

では、八大人覚とは一体何か。

一　少欲
二　知足
三　楽寂静
四　勤精進

五　不忘念
六　修禅定
七　修智慧
八　不戯論

以上ですが、これらも並列的ではなく立体的に見ていかなければなりません。

少欲知足によって、欲を満たす方向の世間の生き方とは違う方向を目指し、興奮ではない、静かな喜びである寂静を楽しむ努力をする。それが一から四の前半です。後半は、その具体的な方法となります。

後半の最初は、何か。五の「不忘念」です。私たちはすでに、マインドフルネスの原語のサティが、「念」と漢訳されたことを確認しました。そして、この念という言葉が、本来はサティ＝マインドフルネスを表すはずだったのに、どうもすんなり、そうならなかったことも確認しました。この「サティ＝マインドフルネス＝念」をめぐる問題が、実はこの八大人覚に現れています。

「念」という漢字について、日本における漢字研究の大家、白川静氏の解説を見てみましょう。

〈形声。音符は今。今は栓のついている蓋の形。壺形の器や瓶の、下部に栓のついている蓋である。心は心臓の形。蓋をして中のものを閉じ込めるように、心中に深くかくす、心中に深く思うことを念といい、「おもう、おもい、こころ」の意味になる〉

白川静『常用字解』(平凡社、二〇〇三年)

もし念という漢字のもともとの意味が、右のようであるなら、サティに念という翻訳をあてたのはやはり無理があるのでは、というのが、テーラワーダでサティを勉強し、実践した私の正直な感想です。

まずは素直に念を、サティ＝マインドフルネスと取ってみましょう。そうすると、この八大人覚の後半の四つの教えも、実にすっきりとわかります。現在のテーラワーダの長老たち、ティク・ナット・ハン師が、ふだん教えられている次のようなこととまったく同じになります。

マインドフルネスを忘れてはいけない。いつもマインドフルでいなさい。そうすると、心は禅定といわれる新しい世界に入っていく。世界がまったく違って見えて、頭の知識ではない、智慧と呼ばれるものが自然と深まっていく。そのとき大事なのは、単なる心のおしゃべりを手放していくこと。心のおしゃべりの届かないところを、マインドフルネスで目指す。

ところが、念の漢字としての意味「心中に深く思う」に引きずられてしまうと、途端に「不忘念」が、なんとも納得のいかないものになるのです。念は「思うこと、thinking」に近くなるから。たとえそれが心の表面的なところではなく、心の奥で深く思うことだとしても、それは禅僧たちが、坐禅の中でまず手放しにすべきと教えられているものと齟齬をきたしてしまうのです。

私自身、アメリカで初めてマインドフルネスなるものに出合ったとき、一番先に覚えた違和感が、まさにそれでした。マインドフルネスとは気づくこと。でも気づくことも「思い」の一種だから、我々禅僧は、その気づきも含めて思いを手放さなければいけないのではないか。それなのに、なぜマインドフルネスがそんなに大事なのか、よくわからない。これが、三〇年前の私が正直に思ったことです。

でも、八大人覚にははっきりと不忘念とある。もし、禅が、思いを手放すことを目標としていなかったならば、不忘念もそれほど問題にはならなかったでしょう。念は深く思うこと。不忘念とは、お釈迦様の教えをいつも心に留め、いつもそれについて深く考えていること。確かに、これならすんなり納得がゆきます。そういう解説もなされてきました。多くの仏教入門書がこの文脈で解説しています。

しかしやはり禅僧としては、思いを手放すことで悟りに至るという禅僧のアイデンティティと不忘念が、どうしてもしっくり来ない部分として残るのです。そこで考える。あ、もしかしたら、これは漢字を間違えて伝わったのではないのか。昔はお経は手で書き写して伝えられたので、「忘」の漢字に似た漢字はないか。……あ、「妄」だ！そうだ、もともとは、不妄念だったのだ。それを誰かが書き間違えて、不忘念にしてしまったのだ。不妄念。うん、これなら、禅僧としてよくわかる。すべての妄念を、妄想を、捨て去る。思いの手放しの坐禅だ。一件落着だ。

と安心したいところですが、仏教の文献にきちんと当たると、八大人覚の五番目はやはり「不妄念」ではなく、「不忘念」なのです。この不忘念に対する、禅僧としての、なんともいえない未消化な感覚を抱えながら、前章で述べたような、地下鉄サリン事件直後の絶望的な状況で、ティク・ナット・ハン師にお会いしたのですが、その圧倒的な存在感によって、この理解不可能なマインドフルネスが、すべての鍵を握ることだけは、さすがの私にもわかりました。

いわばポストオウムの時代、日本の宗教界では歴史上初めて、テーラワーダ仏教が非常に大きな位置を占めるようになりました。私個人としては、そこから、マインドフルネスという謎の探究に明け暮れたともいえます。

マインドフルネスを理解したい!

前章で述べたように、私のマインドフルネスの謎を巡る旅は、まずは、日本にいらしたテーラワーダの長老たちに教えを請うことから始まり、やがてはパオ・セヤドーとのご縁で、ミャンマーまで行って徹底的に追究することにつながっていきました。仏教において最も重要な言葉であるらしいサティ＝マインドフルネスが、自分にはわからない。でもそれを体現されている、ティク・ナット・ハン師や、パオ・セヤドーを始めとする、テーラワーダの長老達の圧倒的な存在感から考えても、サティ＝マインドフルネスが、すべての鍵を握っているのは、否定できない。

ではなぜ、この私はそれが理解できないのだろう。私の仏教理解のどこがおかしいのだろう。もう、真剣に悩みました。矢も楯もたまらず、気づいたら私はミャンマーの森の中のクティ（お坊さんの住まい）にいました。着ているものも、禅僧の衣から、テーラワーダの比丘のお袈裟に替わっていました。こうして、パオ森林僧院での、マインドフルネスの謎を解く作業が始まったのです。最高の環境、最高の師匠、最高の仲間たちと。私の一生の中の、奇跡の四年間でした。

パオ森林僧院では、お釈迦様の教えをそのまま伝えよう、忠実に守って修行しようとするので、依拠するのは、古くからテーラワーダ仏教の最も重要な瞑想指導書とされる「ヴィスッディ・マッガ（清浄道論）」です。この本の中には、膨大な量の瞑想方法が記述されていて、それをパオ・セヤドーがまとめられたのが、パオ・メソッドといわれるものです。セヤドーに一対一でインタビューを受けながら、我々比丘たちはそのメソッドにしたがって瞑想を進めていきます。

実は、非常に具体的な瞑想インストラクションにしたがって、順々に瞑想を深めていくと、誰でも、かつてお釈迦様が通られた道をたどることができます。ひとつの瞑想対象に心を集中させると、禅定の状態に達し、そこで世界ががらりとその表情を変える。その新しい表情の世界を観察していくと、やがてはニッバーナ（ニルバーナ、涅槃）というものが、到達可能なものとして見えてくる。

禅定も涅槃も、今まで単なる仏教用語にすぎなかったものが、毎日の瞑想の具体的な方法の果てに、リアルなものとして、手で触れるものとして目の前に現れてくる事態に、私は腰を抜かしました。おとぎ話だと思っていたのが、そのおとぎの国が、実際の現実世界に存在し、我々がそこを訪ねることができるのだ。え、まさか、まさか。

私が曹洞宗の禅僧として一八年間、只管打坐していたときは、何をやっていたか。心に湧いてくる無数の思いをひたすら手放すことを修行してきました。坐禅はその「思いの手放し」をずっと続けていく。それに終わりはない。なぜなら、どんなに思いが湧いても、それ以上のところで、我々はすでに完璧だから、ただそれを信じて座り続けるだけ。思いが手放されたからどうかは、もう関係ない。手放されたかどうかを、我々は認識することはできない。思い以上のところで、もう我々は「おんいのち」を生きている。

もうおわかりですね。思い以上のところで完璧な私を、私は認識することができない。だから、座っているところでの「気づき、マインドフルネス」のような発想はどうしても出てこない。只管《ただ》座る。只管生活する。それだけ。

何もなければ、私もその路線で一生を終えていたでしょう。きっとそれなりに満足して。たとえ私には認識はできなくても、思い以上の「おんいのち」を生きているという、それなりの実感はありましたから。

でも、一連のオウム事件をくぐった後、そこに安心してい続けることはできませんでした。あのテロリズムによって噴出したネガティブなエネルギーに対抗できる確かな何かは、事件直後にお会いしたティク・ナット・ハン師にしかなかった。師の深さの秘密は、どうやらマインドフルネスであるらしいとわかったので、いやでも、マインドフルネスを追究せざるを得ず、それによって、今まで想像もできなかった世界が見えてきた。その世界とは……はい、「ありのままに、とらわれなく、今、ここ」を直接認識できる世界でした。

ミャンマーで修行するまでは、禅定や涅槃とは、信じているとはいえ、直接には触れられないものでした。それが今は、その世界を直接認識できる。これはいったいなんということなのだ。事の重大さにようやく気づきました。私はただ瞑想メソッドが進めばいいとはならず、このあたりのすべてを理解しようとせずにはいられませんでした。

ミャンマーで、私自身は順調に修行の階梯を進んでいましたが、そこには独自の難しさもあることに気づきました。周りの人たちは思ったほど瞑想がうまくいっていなかったのです。パオ・メソッドは、ひとつの段階において、具体的な課題をマスターして初めて前に進めるので、課題がクリアできないと、いつまでも同じものをやることになります。たいていは、最初の呼吸を見つめる瞑想。吸う息、吐く息を明確に認識しつづける瞑想。そこでスタックする。

どの人も前に進みたいので、私に相談にきました。私も、自分の瞑想と勉強以外はやることもないので、相談にきた人とは、徹底的に話につきあいました。実は彼らとの対話の中に、後のヒントになるものがたくさん含まれていました。それは決して、普通の瞑想の本には書いていないけれど、でもとてつもなく重要なものでした。

マインドフルネスとはいったい何か。その急所を理解するには、どんな経典を読むよりも、マインドフルネスがうまくいかない事例を徹底的に研究するのが一番だと思います。私は、ミャンマーで修行のあいまに他の人たちの瞑想カウンセリングをやっていたとき、まさにそれを実感しました。

マインドフルネスがうまくいかないのはなぜ。うまくいかないとき、自分はどういうことをやっているのか。

呼吸瞑想を例に取りましょう。吸っていることに気がついている。吐いていることに気がついている。のはずなのに、つい、いろいろ考えてしまう。考えが進むと、その世界に入ってしまい、自分が呼吸瞑想をしていることを忘れ去ります。そして、ああ、これはよくないと、呼吸に戻ってくる。そのうちまた考えが湧き、どこかに行ってしまう。ああ、いけないいけない。そのことに気づき、またそれを手放し、呼吸に戻ってくる。そのくり返しを延々と続けることになります。

そのうちに、考えが湧かなくなり、ずっと呼吸を見られるようになるだろうと思っても、そういうふうには進まない。相変わらずのはずれては戻り、はずれては戻り、という状態が何年も続いてしまう。パオ・メソッドでは、呼吸を一時間ずっと見続けることができるようになったとき、自然と起こるある現象についてセヤドーにインタビューで鋭くつっこまれます。その現象が起こったかどうか。それが起こらない限り、先に進めません。

どうして自分にはその現象が起こらないのか。たくさんの方が悩みます。僧院にいる比丘たちは国際色豊かでしたが、多くの人がこの段階から抜け出せずに悩んでいました。ひとり、当時マレーシアから来ていたある若い比丘は、それこそ駆け抜けるようにパオ・メソッドを進んでゆきました。瞑想の進み具合はパオ・セヤドーが直接本人に質問してチェックしますので、進んでいないのに進んでいると取り繕うことは不可能です。ある瞑想の状態を実感した者だけが、リアルにその状態を語れるからです。

マレーシアの若い比丘と話して確認できたのは、マインドフルネスが深まると、それは禅定に入ることだと言われますが、これまで自分がいた「部屋」とは違う、「別の部屋」に入ったような実感があるのではということ。「別の部屋」のような表現は、瞑想の教科書に答えとして書いてあるわけではないので、実際にそれがリアリティに近いかどうかを、そのリアリティを知っている人に直接問うしかないのです。

よもや自分のいる場所の他に、別の部屋があると思っていなかった我々でしたから、自分たちの実感を言葉で表現するとこうなるよね、としかその段階では言えませんでした。つまり、最初から、瞑想テクストには書いていない、でも、確かに実感できることを慎重に言葉にしながら、その意味を考え続けたともいえるでしょう。それがとんでもない「意味」につながっていくのは、まだ数年後のことです。

少し整理しましょう。禅とマインドフルネスが、それぞれ、東アジアの大乗仏教の中と、南方のテーラワーダ仏教の中で発展してきました。違う地域で発展してきたとはいえ、それはそもそも仏教なのだから、同じでなければいけない。それなのに、お釈迦様から二五〇〇年後の現在、ふたつを見比べるとかなり異なっている。禅の中で育った人間にとって、マインドフルネスはどうしてもぴんとこない。ぴんとこない根本的な原因は、禅ではすべての「思い」を手放してゆくのに、マインドフルネスは、何かに気づく、観察することを強調しているから。禅から見れば、その気づきや観察も「思い」の一部ではないのか、と思えてしまうのです。

つまり、禅からすれば本来手放すべきことを、マインドフルネスではやっているのではないか、という疑問です。そうであるかもしれないけれど、禅から見ればタブーかもしれないけれど、でも。飛び込んでみなければ本当のことはわからない。マインドフルネスをやっている先生たちの圧倒的な存在感に惹かれて、私のマインドフルネス修行がミャンマーで始まったのです。

そして、瞑想を深めるうちに、「別の部屋」という、今までのマインドフルネスの解説では聞いたことのない考え方が出てきた。修行が進んだ比丘たちには、マインドフルネスを深めてゆくことが、どうも「別の部屋」に入っていくことだという、確かな実感がある。そのあたりから、これまでどうしても解けなかった、禅とマインドフルネスの本当の関係が見えてくるのではないか。

もっとも、実際にそのようなことを考えたのは、ミャンマーでのパオ・メソッドの瞑想修行を終えて、日本に帰国後のことなのですが。

マインドフルネスとは、禅僧からすれば手放すべき「思い」「雑念」のひとつなのかどうか。

もし、マインドフルネスによって「別の部屋」に入り、別の部屋から観察する、気づくことがマインドフルネスだったら、それは必ずしも私の「思い」「雑念」の一部とは言えなくなる。なぜなら、観察している私は、すでに違う部屋に属しているから。

マインドフルネス瞑想を続けると、これまでずっと続いていたエゴによる思考が弱まっていきます。禅僧の方たちが懸念するように、手放すべき思いによって、気づいたり、観察したりするのが、マインドフルネスではないのです。第一、それは不可能です。今までいつも猿が飛び跳ねるようにあっちこっち思考が飛び、雑念をどんどん湧かせてきた私が、呼吸に気づこうとしても、まあ、一秒くらいは可能でも、一秒後にはやはり別のことを思考しているので。気づき続ける、観察し続けることはそもそも不可能です。

ですから、マインドフルネスとは手放すべき思いのことを指すのではないのです。禅の懸念は、ここで消え去ります。

思いを手放した後、それでも気づき続ける何か。それがマインドフルネス。つまり、手放した後に、それでも残るものがあるということなのです。となると、私とはいったい何かが、がらりと変わってきてしまいます。まあ、あまり結論は急がないようにしましょう。もう少し慎重に。

「私」の構造

今までずっと思考し続けてきたもの。それこそが私の本質だと思っていたもの。それを仮に「thinking マインド」と呼びましょう。なぜ英語を使うのかというと、英語の to think が、より正確にこの雑念もくもくの状態を表しているように思えるので。日本語の「思い」や「思う」には、to think よりも、もっとあいまいで、情緒的なものも含むので、より端的に状態を描写するために、thinking マインドという言葉を使います。

そのthinking マインドが自分そのものだと思い込んできた私たちですから、マインドフルネス瞑想をするときも、瞑想する主体は、このthinking マインドだと、当然、思う。でも、すぐにそれは不可能だと知る。thinking マインドは、昔から意馬心猿とも言われ、野生の馬、お猿さんのように、一瞬たりとも同じ場所にはいない。それに対して、マインドフルネス瞑想は、呼吸などの瞑想対象を、長時間気づき続ける、観察し続けることを要求される。当然、それはできない。お猿さんの首根っこを押さえつけようとしても、すぐに逃げ出す。

この無理なことをなんとかやろうとして、できなくてずっと苦しむ人がいる。でもいっぽうで、そこでさっとそのthinking マインドを手放して、「気づき」や「観察」

が続く状態に入っていくことができる人もいる。

あれ、何か変ですね。私とはthinkingマインドでもあった。それ以外に私はいなかった。その私はマインドフルネス瞑想はできない。はずなのに、マインドフルネス瞑想ができてしまう。これはいったいどういうことでしょうか。

つまり、thinkingマインドではない何かが私の中にあるということなのでは。それを今は「もうひとつの私」とでも呼びましょう。

「もうひとつの私」には、明晰な意識があります。しかしそれはthinkingではありません。その明晰な意識は、thinkingによって収拾がつかなくなった状態から、静かにずっと呼吸を観ている状態に移行していったときに現れます。別の部屋にある意識です。

つまりマインドフルネスとは、思い(thinking)ではなくて、それを手放したあとに、残るものだったのです。思いで気づくのではなく、思いとは違う次元の私が気づいていること、それがマインドフルネスの本当の意味だったのでした。それがわかれば、マインドフルネスに対する誤解の本質と、その誤解をどう解くか、そしてその誤解がなくなったときに、どういう変化が起こるかもみえてきます。

このあたりが、日本の仏教、特に坐禅を重視する禅宗の中で、はっきりと伝わっていなかったのではないか。私自身の禅僧時代を考えても、そうとしか思えないのです。心に絶え間なく浮かぶ想念という意味での「思い」を手放せとは言われますが、手放したあとに残るものについてははっきりせず、結果として、ではどうやって本当にそれを手放すかという方法論はなかったのです。

ところで、「念」の問題はどうなったでしょう。サティ＝マインドフルネス＝念という、単純な等号で結ばれる関係のはずが、必ずしもそうではなかったことを見てきました。念という漢字の「心に深く思う」の意味に引きずられて、念＝マインドフルネスという意味には取れなかった。念が「思い」の意味に近いと誤解しているから、正念、不忘念の「念」も、thinkingだと解釈して、それを忘れるなとはどういうことか、と、また霧がかかったような状態に迷い込んでしまう。

マインドフルネスの本当の意味を知りつつある今、私たちは、その昔、インドの言葉を中国語に訳す仕事をしていた方々がなぜ「念」という漢字をサティの訳に当てたか、少しずつ理解し始めています。表面的なthinkingではない、もうひとつの意識のあり方を念という一字で表現したかったのでしょうが、残念ながらあまりうまく伝わったとはいえなかった。

だから、お釈迦様と道元禅師のダブル遺言の中で、「不忘念」とあっても、それをいつもマインドフルネスを保ち続けなさいという意味にとるのはむずかしかった。「不忘念」がなんとも腹落ちのしにくい言葉となって残されました。

でも、今なら「念＝マインドフルネス」という、単純明快な等号の関係だとわかり、あれほど腑に落ちなかった「不忘念」も、マインドフルネスを決して忘れないように、いつもマインドフルでいなさいという、仏教の、特にテーラワーダ仏教のど真ん中の教えと同じになることがわかるでしょう。

念の意味が、ようやくはっきりしたことは、日本にやってきたマインドフルネスが、黒船として機能した結果です。念がマインドフルネスだとわかっただけで、ずいぶんといろいろなことが明らかになってきます。仏教が、それこそ禅問答ではなく、一般の人達にも非常にわかりやすいものになってきているのです。

「サティ＝マインドフルネス＝念」とわかった後で、私たち日本人にはどういう風景が見えてくるでしょうか。その等号で結ばれた三つの言葉は、thinkingマインドが手放されたあとに残る意識だとわかりました。そのとき、なにがはっきりするか。

念＝thinkingマインドという誤解が強く支配的だったときと比べてみましょう。

thinkingマインドを理解するのに、私はよく映画のたとえを使います。映画館には何がありますか。基本的に、プロジェクターと大きなスクリーン。そして、座席ですね。我々のthinkingマインドは、プロジェクターの働きと、それを映し出すスクリーンの機能を持っています。これは、ご自分の心をご覧になればすぐにわかりますね。

そして、もうひとつ大事なのは、自分がそのスクリーンに映し出された世界の中に飛び込んでいってしまうこと。身体は座席に座ったままですが。面白い映画を観に行ったときと同様、私たちの心は、座席のある映画館という現実を離れて、スクリーンに映し出された映画の世界をリアルに感じてしまいます。これが、thinkingマインドがやっていることのすべてです。この観点から、マインドフルネスも見ていきましょう。

私たち人間は、現実を生きているのではなく、自分の心が作った映画の世界を生きている。まずは、この事実を認めることから始めなければいけないのですが、もちろん、そんなにすぐには納得がいかないことでしょう。実はマインドフルネスとは、その映画から出ていくこと。でもそれを理解するには、心の映画の特徴を理解しなければなりません。

マインドフルネスの定義を、もう一度振り返りましょう。日本における標準的な定義として、日本マインドフルネス学会の定義を参考にさせていただきます。

「今、この瞬間の体験に意図的に意識を向け、評価をせずに、とらわれのない状態で、ただ観ること」

「体験」はすべてを含みますが、瞑想の初期としては、呼吸すること、歩くこと、身体の感覚などに絞ります。

ここで問題になるのは、「評価せず、とらわれのない状態」ということです。ここにマインドフルネスの核心があるとともに、少しでもマインドフルネスを経験したことがある人なら全員が知っているように、マインドフルネスの、なんともいえないむずかしさがあります。

いっさい評価せず、好き嫌いなしに、とらわれなしに、何かを観ることなど可能なのでしょうか。まるで洋服についたゴミのようなものを想像して、そのゴミを払うように、評価や好き嫌い、とらわれを取り除くことができるのでしょうか。

一般的なマインドフルネスの果てに、ああ、もう私はとらわれなしに観ることができている、というわけには、決していかないことを、実は関係者全員がわかっています。現場の人は、全員同意してくださるでしょう。

だからといってマインドフルネスは無意味だとか、不可能だとか言いたいのではありません。もう少し検討が必要だということです。

評価、好き嫌い、とらわれというのはどこにあるのでしょうか。もちろん個々人の中にある。私という人間の外側に、それらが存在しているなら、その外側の余計なものを取り払えばよい。でも、ご自分の心をよくご覧ください。外側ではないですね。そう、この我々自身の心が、すでに、評価ばかりしている。好き嫌いばかり言っている。とらわれてばかりいる。であるならば、私たちの洋服についたゴミを払うような感じで、とらわれを捨てるなんてことは、土台無理なことだと見えてくるでしょう。

脳内から出る

先ほどの映画にもどりましょう。脳内に上映されている映画を、リアルだと錯覚して生きているのが私たちの実態ではないのかという話でした。それを今のとらわれの話とつなげるとこうなります。

私たちは現実をただ生きているのではなく、映画の世界を生きている。その映画は、自分のthinkingマインドが作ったもの。きわめて恣意的に。つまりこの心の映画は、とらわれと好き嫌いと勝手な評価でできている。私たちはそれと完全に一体化しているから、その世界から、とらわれ、好き嫌い、評価だけを抽出して、それを捨て去ることはできない。

では、マインドフルネスが目指すものとは何でしょうか。捨て去るのではなく、その映画の世界そのものから出ていくことです。そのとき、初めて、評価、好き嫌い、とらわれから抜けて、私を含む世界を、客観的に「観る」ことができる。

どうして映画を見続けてはいけないのか。みなさんはすでに答えを知っているはずです。みなさんの脳内で上映されている映画は、ハッピーな映画ですか。夢と希望に溢れた映画ですか。そうではないですね。いつもネガティブなトーンで染め上げられているはずです。明日の予定を考え始めると、最初は楽しかったはずなのに、すぐに心配や不安が襲ってくる。過去の楽しい思い出に浸ろうと思って、過去という脳内映画を上映すると、そのとき起こったいやな出来事のほうが、いつのまにかその映画を支配している。

そう、心の映画というのは、常にネガティブなものなのです。人間の悩み、苦しみはまさにそこにある。私たちはいつもネガティブな映画を見ているという事実が、私たちを不幸にしている最大の理由です。

マインドフルネスの目的が見えてきましたね。それはいきなり、私たちの心に付着した評価、好き嫌い、とらわれを取り除いて、「今、ここ」の経験を見ようということではなく、私たちが常に、評価、好き嫌い、とらわれでできた映画の世界を生きていることを自覚したうえで、その映画の世界の外に出ること。それが目的です。私たちは映画を出たところから、すべてをマインドフルに観るのです。

マインドフルネスが今、ブームだというのも、私には、人類がこの構造に気づき始めている徴候ではないのかという気がするのです。なんともいえない重苦しい、窒息寸前の思考状態から自由になりたい。その鍵がマインドフルネスだ！　でも、もし映画の世界の中で、いきなり評価や好き嫌いをふるい落とそうと思っても、それは無理、不可能。その不可能性に気づきつつある人々による、本当のマインドフルネスの探究が、ようやく始まっているのではないかというのが、個人的な実感です。

ひとりひとりが自分の脳内映画によって閉じ込められている。その感覚は、今、かなり世の人々の共通項になりつつあるのではないでしょうか。それはいろいろな世の事象の底流となって見てとれます。お気づきでしょうか。

二〇世紀末にハリウッドが放った「マトリックス」（一九九九年）という映画の衝撃は覚えていますね。あの映画は、実は瞑想をしている人たちの間でも強い関心が集まりました。

少し前だとレオナルド・ディカプリオの「インセプション」（二〇一〇年）も完全にそうです。もしかしたらこれは夢かもしれないということ。今までは我々が生きているこの世界は、素直に現実だと思ってきた。その現実の世界で、SF映画を制作して、宇宙の果てまで行くといっても、それはせいぜい地球の現実の延長に過ぎない。未来や過去にタイムマシンで遡るといっても、それは今の現実の延長に過ぎない。

それとはまったく違って、「マトリックス」や「インセプション」が衝撃だったのは、この世界自体が夢かもしれないという、宙づりになったような感覚でした。私が心底驚いたのは、これらの映画が、ハリウッドの大資本によって制作されて、世界中の人達が夢中になって鑑賞したという事実です。アジアの山の中、森の中の瞑想道場で、瞑想者の間で話し合われるような内容のテーマが、地球規模で、しかもエンタテインメントの王道で取り沙汰されている。世間の空気を読み取るのが世界一優秀なハリウッドが、まさに人類の心の状態をそう認識したとしたら、これは本当にすごいことなのですが。

脳内映画の感覚は、日本映画にも出てきています。一部で大変話題になった「勝手にふるえてろ」（二〇一七年）という映画です。綿矢りささん原作、松岡茉優さん主演の映画でしたが、その中で松岡さん演じる江藤良香（ヨシカ）という女性は、二四歳のＯＬであり、彼女がまさに脳内映画の世界をずっと生きている様子が描かれています。人間は誰でも脳内映画を生きているとはいえ、それにはやはり強弱があって、ヨシカの場合は、かなり強烈で、当然、現実の世界とはぶつかってしまう。

最初いろいろなシーンがあって、観客は、それが現実、つまり実際に起こったことだと思います。ところが、後でそれが全部ひっくり返り、すべてが彼女の妄想だったということがわかるのです。

見ず知らずの人と、ヒロインの彼女は非常に楽しく会話する。夜釣りをするおじさんだとか、バスの中で隣に座ってるおばさんだとか、あるいはカフェの店員さんや駅員さんだとか。非常に社交的に話をするのですが、途中でそれが全部彼女の脳内おしゃべりだったということがわかる。観客はヨシカの閉じ込められた世界の孤独に打ちのめされます。

「脳内」という言葉と、「暴走」という言葉が実際に映画の宣伝にもキーワードとして使われています。私たちがふだんずっと見ている自分の頭の中の映画。それが暴走する様子を、もちろん娯楽映画ですからコミカルに描いていますが、観客は笑っているうちに、ヨシカが自分自身だと気づきます。我々はみな、ヨシカのように脳内の映画の中に閉じ込められていて、その中で暴走する。その結果、脳の外のリアルな人間関係のところでいろいろぶつかって苦しんでいる。ヨシカは最後に、脳内で夢見たようなキレイな恋愛ではなく、みっともないほどリアルな相手にたどり着くのですが、その彼と一緒に、脳内を出て、リアルに戻っていけるのか。なんとなく戻っていけそうな雰囲気を残して、映画は終わります。

私たちがこんなに苦しいのは、脳内に閉じ込められているから。だから、「脳内からどうやって出るか」が、私たちの苦しみに終止符をうつための鍵になる。人類というと大袈裟かもしれませんが、何か人間の大きな意識が、そちらに向かっているのではないでしょうか。

これは自分の脳内の勝手な映画だ、その映画の暴走に苦しんでいるのだ。それはわかっていながら、またすぐに映画の中に入り込んでしまう。それが大きな問題なんだという認識が、大勢の人々の中に生まれつつあるのでは、と思います。

今まではみな自分は客観的に存在して、自分の外に広がる客観的に存在しているリアルな現実世界を生きていると、ひとりひとり思っていたわけです。まったく疑うことなしに。でも、実はそうではないのでは、ということが、それこそハリウッドや日本の娯楽映画という、一般大衆レベルの文化作品にも表れ始めているのではないかと思います。映画製作者たちが、観客たちの意識の変化を確実に感じ取っている。こういう映画を制作すれば、確実に理解してもらえる、観てもらえるという確信をもっているわけです。そのことに、私は素直に驚きます。

では「自分は脳内の映画の中で生きている」ということに気づき始めた人たちが、そこからどう出ていくか。もちろん映画の主人公はその答えを持ち合わせてはいません。「マトリックス」を制作した、ウォシャウスキーさんたちも、残念ながら持っていないようです。

もう少し、脳内映画の様子を見てみましょう。映画の話が続いているので、ここはゴジラに登場してもらいましょう。実は、「シン・ゴジラ」(二〇一六年)の中では、ゴジラが二回目に登場するのは、鎌倉の稲村ヶ崎の沖合からです。私が今住んでいる一法庵の目の前。私は、愛する鎌倉の海浜公園が、ゴジラの大きな尻尾で破壊されてゆくのをただ呆然と見ていました。

でもここで、私はゴジラ映画を怖い怖いと言いながら、のんびりと観客席に座って見ています。自分の住んでいる町が破壊されている場面ですら、それを余裕で観ています。なぜでしょうか。当たり前ですね、ゴジラは実際には存在しないと知っているからです。すべてがフィクションだと知っているから。鎌倉の町が実際には破壊されていないことを知っているから。だから、映画を見ても冷静さを保てるわけです。

けれども「明日」というタイトルの映画があるとしましょう。私たちは観客席に座り、それを見ている。つまり頭の中で、明日、起こるかもしれないことをいろいろ想像して、映画を制作して、それをスクリーンに映し出して、観ている。「シン・ゴジラ」とまったく同じ状況です。では我々は「シン・ゴジラ」を観ていたときには保っていたあの冷静さを保てるかというと、保てません。

「シン・ゴジラ」はフィクションだったけど、この「明日」という映画は、私たちの心の中でフィクションではないからです。明日起こるかもしれないひとつの可能性を、冷静に椅子に座って見ていることはできず、もう私たちは実際に明日起こることの中に放り込まれているのです。すべてがリアル。リアルだから、どうしようもなく、不安になったり、心配したり。それは「明日起こるかもしれない」ことではなく、明日ですらなく、今現在、起こっていることになっています。

明日の午後の重要な会議で、プレゼンテーションを失敗するかもしれないと冷静に予測するのではなく、実際に今、すでに大失敗してしまっている、と感じる。だからゴジラ映画のときは、東京や鎌倉の町が破壊されるのをのんきに見ながら座っていられた人が、今はいたたまれなくなって、椅子から立ち上がって、ああ、どうしよう、どうしようと不安でいっぱいになっています。

「過去」という脳内映画もそうです。あなたは、一週間前に、たくさんの人のいる前で非常に屈辱的なことを言われました。それは実際に起こったこと、客観的な事実です。でも、その場面を今思い出しているあなたは、脳内で、再びその屈辱的なことを言われてしまい、惨めな思いを抱きます。いつ。一週間前ではなく、今ここで。

その過去の記憶が現在の経験として蘇るのが、PTSD（心的外傷後ストレス障害）と呼ばれるものです。過去のことが、今ここにフラッシュバックする。フラッシュバックというのは今、その災難を、再体験してしまうこと。事故は現実に起こったことだけど、一回きりのできごと。それなのに、フラッシュバックによって無数に事故の再体験をします。それが筆舌に尽くしがたい苦しみだということは、言うまでもありません。でも程度の差はあれ、これは誰もが経験していることです。

私たちは、もう脳内での映画上映などではなく、自分のリアルな現実になってしまって苦しみます。ある人は「明日」という現実の中で不安に苦しむ。またある人は「一週間前」という現実を今リアルに再体験して苦しむ。

この状況で、マインドフルネスに、何ができるのか。

脳内で上映された映画に対して、評価、好き嫌い、とらわれなしに観ること。そのことで、それを映画だと見抜き、現実ではないとわかって、苦しみを脱する。

のはずなのに、それがなかなかむずかしいという現実があります。現場でマインドフルネスを実践しようとしている人たちが、そのむずかしさを一番よく知っています。

よくお会いする、福祉の現場にいらっしゃる方たちは、そのむずかしさをリアルに知っています。現場が現場なだけに、取り繕うことなどとうていできない状況で、人間の生死の苦しみを真正面からわかっている。彼らは、好き嫌いなしに、評価なしに、とらわれなしにマインドフルネスを本気でやろうとして、そしてできないということを身をもって知っています。

世の中にはがんばってできることと、がんばってもできないこととの二種類があります。

英語を話すのはがんばればできることです。もし今、話せないなら、それはがんばり方が足りないだけのことです。あとは自分にあった英会話学校に何年も定期的に通ってくださいねという話になるだけです。

けれども、空を飛びなさいと言われて、それができないとしても、それは明らかに、空を飛ぶ練習が足りないからという話ではないはずです。練習が足りないから飛べないのではなく、人間なので飛べないというだけの話です。

マインドフルネスはどちらなのか。英会話の勉強のようにがんばればなんとかなる、なんとかならないのは、ただがんばり方が足りないだけ。そう考えてがんばってマインドフルでいようと、一生懸命瞑想している人たちがいます。

その方々に申し上げたいのは、実はマインドフルネスは、空を飛ぶのと同類の話なのですということです。原理的に、人間には空を飛べないのと同じことで、努力の量の問題ではない。私たちは原理的にマインドフルでいることはできない。とらわれなしに、好き嫌いなしに、評価なしに何かを観ることはできないのです。

これを言うと反応はふたつしかなく、反発されるか、ああ、やっぱりそうだったかとなる。

人間として空を飛ぼうと一生懸命がんばってきて、でもやっぱり全然飛べないという事実が見えてきたとき、人は何を考えるか。自分はだめな人間だと思うか、才能がないと思うか、あるいは空を飛ぶ練習がまだまだ足りないと思うか。まあ、あれこれ必死にやって、でも飛べないとなれば、自分はすごくだめな人間だと悩むでしょう。

そのときに、空を飛ぶのは原理的に無理ですよと言われたら、むしろほっとしませんか。やっぱり、そうだったのかと腑に落ちる。なぜなら、もうさんざん飛ぶ練習をしたから、どこをどうがんばっても、空を飛べる可能性がないことが身に染みているから。空を飛べないのは、あなたが悪いのでも、練習の量が足りないわけでも、方法が悪いのでもなく、ただそもそも人間は空を飛べないというだけ。そうであれば、悩みはすっきりする。

では本当に私たちは空を飛べないのか。つまり、本当に我々はマインドフルになれないのか。というと、実は、なれるのです。ただし、今までいた場所ではなれない。それは不可能。どうやっても無理。でも、別の場所ではそれは可能。というより、マインドフルネスがデフォルトで備わっている、逆にマインドフルでないことがあり得ない場所があるのです。

さんざん空を飛ぶ練習をしてきた人たちは、私の言うことを受け容れてくださるでしょう。諦めとかすかな希望が湧いてきたのではないでしょうか。

またこういう人もいるかもしれない。最近はまったくダメだけど、最初にマインドフルネスを教わったとき、私は初めて、自分の心を、評価なしに、好き嫌いなしに、とらわれなしに観ることができて、とても自由で幸せだった。つまり私は、一回は空を飛んだのです。

はい、そういうことはあります。私はそれをビギナーズラックと言います。マインドフルネスに対する一切の先入観も期待もなかったので、みなさんは空を飛べた。でも、次からは、期待でいっぱいになり過ぎて、二度と飛べなかった。ビギナーズであるのは最初だけだから、それ以降はもうラックはない。

まとめます。評価なしに、好き嫌いなしに、とらわれなしに観ることは、人間が空を飛ぶようなもので、原理的に不可能。ただし、今までいた場所では、という話です。人間の立っている場所が一カ所だけだったら、マインドフルネスは原理的に不可能という、夢も希望もない話になってしまうのですが、もちろん、そこで話は終わらない。

今までいた場所とは別の場所がある。そして、そこではマインドフルネスは可能どころか、マインドフルでないことが不可能なほど、マインドフルネスがデフォルトで備わっている場所がある。その場所の話になってきます。

私たちはずいぶん遠いところに来たようで、実はそれほど遠いところに来たわけではないのです。なぜでしょうか。はい、そのもうひとつの場所こそ、日本の伝統の中で、禅が到達しようとしていた場所だから。

禅とマインドフルネスが、本質的に出合い、そして統合されていく場所。ただ、まだ結論は急がないようにしましょう。もう少し、その「今までいた場所ではない場所」を探究しましょう。

もうひとつの場所という大前提

マインドフルネスを学ぶうえで最も大事な急所は、今いる場所から別の場所へ移動すること。今までいた場所は、映画の場所であり、そこは評価と好き嫌いとらわれの場所でもあった。そこでマインドフルであろうとすることは、根本的な矛盾を起こしてしまって無理だった。でも、もし本当にマインドフルでいられる場所があるなら、すべての苦しみから自由になれる。評価、好き嫌い、とらわれによって苦しんできたのに、そこにはもうそれがないのだから。

そういう場所はどこにあるのでしょうか。それは遠い場所ではなく、「もうひとつの私」がいる場所らしい。私はある場所にいた。だけど、それとは別の場所にもいた。え、どういうことでしょう。私がふたりいるのでしょうか。

どうも私たちは、なんとも不思議な光景を目にし始めているようです。thinking マインドでもある私は、あるひとつの場所にいた。それは映画の場所でもあった。その場所は、基本的にネガティブなエネルギーが支配し、好き嫌いやとらわればかりで、苦しみの場所でもあった。でも、どうやらそればかりではないようだ。その映画の世界、好き嫌いの世界の外に、もうひとりの私がいて、それはすべてを静逸のうちに観ている。それがマインドフルネス。

次のように説明すると、すべての状況をきれいに説明できるのではないでしょうか。

1 マインドフルネスは、思いではない。「もうひとつの私」の静逸の視線でもある。禅の懸念はこれで雲散霧消する。

2 今までの私が、今までの場所でマインドフルになろうとしても、それは空を飛ぼうとするようなもので、絶対に不可能だった。今までの、一般的なマインドフルネス瞑想がうまくいかなかった理由も、完璧に説明がつく。

3 「もうひとつの私」からの視線は、すべての評価や、好き嫌いや、とらわれから自由になっている。日本マインドフルネス学会の定義通りに。

これらをまとめると、『「私」は二重構造になっている』という結論になります。「私」が二重構造になっているという仮説にたどり着くまでに、多くの混乱と絶望と苦労がありました。でも逆に、この「私の二重構造」を認めてしまえば、今までの矛盾も、あいまいさも、もやっとした感じもすべて消えていく。理論的にも、実践的にも。

この観点から、禅とマインドフルネスの関係をもう一度見つめ直しましょう。

禅は、そもそも「私の二重構造」を前提としています。修行を始めるやいなや「本来の自己」を探究するのが禅だと教えられます。「本来の自己」とは、逆にいうと、「自分だと思い込んでいたけど、本当の自分ではないもの」があることを前提とした概念です。それを自我とかエゴとも言えるでしょう。この本のここまでの言葉なら、

thinkingマインド。映画を上映しては、その映画にのみ込まれて、いつもネガティブなエネルギーに満ち、好き嫌いととらわれから逃れられない、苦しみに満ちた心。まさに、ふだんの私たちそのものです。その「今の私」以外に「本来の自己」があるというのです。それが何かを探究するのが、禅の修行だと。

本来の自己は、すでに完璧な自己。これから一生懸命がんばって完璧にするのではない。だから、本来の自己に基づく修行とは、普通考えるようなものではなくなるわけです。今、下の段階にいるから階段を上がっていくわけではない。今汚れているから、これから掃除して汚れをとり、完璧にきれいな状態を目指すわけではない。では何をするのか。ただ座るだけでいい。それが只管打坐です。

本来の自己が完璧であれば、確かに只管打坐、ただ座るだけでいいのは間違いありません。今さら、何か付け加える必要などないのですから。

でも、何か忘れていませんか。本来の自己を、実際、どう認識するのか。本来の自己は完璧なのだ！　と信じればいいのでしょうか。それだと確信が持てず、いつも不安から逃れられません。もしかしたら、完璧な本来の自己なんて存在しないかもしれないのですから。もしそれが存在しないなら、それに基づく修行も成り立たなくなってしまう。

道元禅師が、宋からお帰りになって最初に書かれた坐禅マニュアル『普勧坐禅儀』の最初の言葉は「道本円通《どうもとえんずう》」でした。道はもともと完璧なものとしてある。だから、こういう修行をすればいいという論理の流れです。私たちが今、確認した通りですね。

『普勧坐禅儀』ではいきなり大前提が話されて、それを元に話が展開する。では、その大前提とされるものを、どう自分で消化したらいいのでしょうか。

その大前提を本当に実感されている老師も確かにいらっしゃいました。でも、私などは、まあ、この老師がそう実感されているのだから、この大前提は正しいのだろうな、という流れで只管打坐をしていたのが実情です。あえて言いますが、これまで多くの雲水が、大前提を実感できないままでいた結果、それを前提とした修行にも自信を持てずにいたでしょう。

私がミャンマーまで行って、マインドフルネス瞑想を徹底的にやって見えてきたことは、マインドフルネスとは、その「大前提」を本当に実感する方法だった、ということなのです。

自我やエゴがマインドフルであろうとしても、それは不可能。多くの人々がきわめて真面目に努力してみて、これは完全に証明されています。私たちは、自我やエゴの領域を超えた領域でこそマインドフルでいられる。そのときは、自我やエゴの「思い」が単に手放されただけではなく、そこにまったく新しい意識がある。自我の思いではない、明晰で、静逸な意識。それがマインドフルネス。「もうひとつの私」です。そして、これが禅の言うところの本来の自己。この本来の自己は、信じる対象ではなく、完璧に経験することも実感することもできる存在である。

はい、今こそ自信をもって言えます。道本円通だと。だから、あとはただ座ればいいのだと。階段を上る必要も、掃除をする必要も、これから遠くへ旅立つ必要もない。『普勧坐禅儀』に書かれている通りだと。

しかしそれは、二夜連続のテレビドラマのようなものだったのです。第一回のドラマでは、非常に丁寧に、登場人物とその関係性について説明されます。視聴者がドラマの世界を理解するために。そして、ある事件が起こります。その事件がクライマックスに達したところで第一回は終わります。視聴者は続きが見たくてしょうがない。翌日放映の第二回も喜んで見ます。

ただ、第二回のドラマでは、もうドラマの背景説明はありません。第一回で済んでいますからね。第二回を見ている視聴者は全員、すでに事情はわかっているはずですから。

でも、もしここに、第一回のドラマを見損なった人がいて、その人がいきなり第二回を見たらどうなるでしょうか。登場人物がいったい誰なのか、どういう関係なのか、なぜこの人とこの人は憎み合っているのか、みながなぜ興奮しているのか、何が謎なのかもわからず、つまりはドラマを楽しめないでしょう。

今までの日本仏教は、そんな状態だったのではないかと思えるのです。これは根拠のないことではありません。東アジアの仏教というのは、歴史的に「大乗仏教」と呼ばれるもの。これはお釈迦様の時代から約五〇〇年くらい経った紀元前後に突如始まった新しい仏教の流れです。何かを前提にしながら、そこからあえて新しい一歩を踏み出した仏教です。その大乗仏教が、中国から朝鮮半島を経由して日本まで、聖徳太子が政治を行っている頃に到着しました。

つまり大乗仏教は、ドラマでいうと第二回なのです。ドラマ初回の最後の頃に大事件が起こり、その結果として、そのドラマの世界に根底から変化が起こった。それを受けて第二回があるのですが、初回のドラマを見損なったので、クライマックスで起こったできごとが理解できなかった。なぜいきなりこういう展開なのか理解できず、ただそういうものだと受け容れるしかなかった。

ところが、時代が下り、現在の私たちは、第一回のドラマを見ることができるのです。そんなＤＶＤをいったいどこで借りられるのでしょうか。大乗仏教が興る前の仏教の姿はどこで見られるのか。

それは南方仏教の国々です。テーラワーダ仏教の国は、大乗仏教とはまったく違う仏教の形を伝えています。現在は、その中に入り、テーラワーダ仏教の指導者から、直接その瞑想指導を受けられるのです、もし英語さえできたら。テーラワーダ仏教の国々でも修行の折には英語が国際基準語になっていますから。

私自身、ミャンマーでパオ・セヤドーの指導のもと、大乗仏教的要素がまったく入っていない仏教を徹底的に学ぶことができました。最初は、どこが違うのかもよくわからなかったのですが、毎日のようにセヤドーにお会いし、自分で瞑想し、アビダンマ（「論」のこと。パーリ語。部派仏教の個々の教義、その体系、論書）などを勉強するにつれ、ようやくテーラワーダ仏教と大乗仏教の違いが見えてきたのです。表面的なところだけではなく、根本的な世界観のところでの違いが。

私はいわば、幸運なことに、ドラマの第一回と第二回を両方見ることができたということです。テーラワーダ仏教の国の人は、第一回のドラマのみ見ます。そして大乗仏教の国の人は、第二回のみを見るというのに。

この二回分のドラマを全編見たとき、何がわかるのでしょうか。それは、第一回のドラマのクライマックスで起こった「事件」が、すべての前提を変えてしまって、それが第二回のドラマへとつながったということです。つまり、第一回のドラマの最も重要な事件の意味が、第二回のドラマで明かされる。逆に、第二回のドラマが前提としていたことは、第一回のドラマを見ないとわからない。

そう考えれば、今、二一世紀に生きる私たちが、どれほど幸運な状況にいるかがわかるでしょう。なにしろ、私たちは簡単に両方のドラマをいつでも見ることができるのですから。

第一回のドラマの主人公は、もちろんマインドフルネスでした。第一回の中では、「私の二重構造」はまだ出てきません。しかし第一回のドラマの中で、人々がマインドフルであろうとして、さまざまな苦労を重ねるにつれ、不思議な不思議なことを発見する。それが第一回のドラマのクライマックス。手に汗握る展開です。この「私」は、実は二重構造になっている。「もうひとつの私」がいて、その平静で、静逸な意識が、マインドフルネスの本当の主体であることが見えてくる。ここで、ドラマの世界が大きく、根底的に変わりました。

第二回のドラマは、当然、「私の二重構造」を前提としてスタートします。第一回をちゃんと見た人なら、この前提は納得がいきますが、見ていなかったら、それは「いきなり」そうなっているのだと言われたようなものでしょう。どう考えても、「私」はひとりしかいないはずなのに、どうして二重構造なのか、とか、なぜもうひとつの私などと言うのか、と、素朴な疑問を抱くでしょう。ただ座れと言われても、掃除しなくてもいい、階段を上らなくてもいいと言われても、実際はぴんとこないでしょう。

二回のドラマを全部見た人は、もうわかります。マインドフルネスの鍵は「もうひとつの私」であることが。「もうひとつの私」は、最初から完璧であるということが。そこにいたれば、マインドフルネスと禅の間にあった疑いや緊張関係は消え失せるでしょう。

私たちは、仏教史において二〇〇〇年前に起こったことを今、経験できているのです。第一話から第二話への歴史上のジャンプを、ひとりひとりが初めて実感できる。第二話のドラマをずっと見てきた、そしてそのドラマの中を生きてきた私たち日本人は、第二話のドラマの大前提を、完全に自分のものとしています。第一話を見ていなかったために、その大前提に自信がもてなかった時代は終わりました。また、現代の日本にいても二一世紀に盛んになったテーラワーダ仏教やアメリカ流マインドフルネスの文脈のみでそれを行おうとしてきた人々は、第二話への展開を知らずに、第一話のドラマの中で行き詰まっていたかもしれません。その限界も終わりました。それが、マインドフルネスが二〇世紀の終わりに日本に届いた意味なのです。

二重構造としての「私」を実感するには、ただマインドフルでいること。マインドフルネスの本当の意味を知るには、「私」が二重構造であることを知ること。

マインドフルネスと禅が、どれほどお互いを必要としているかを、少しご理解いただけたでしょうか。

二一世紀の現代日本で、マインドフルネスと禅とが真に融合を遂げたなら、世界最新の精神文化が生まれてくるでしょう。そのとき今の日本がすでに持っているもの、つまり国土の隅々までお寺があり、ほとんどの方が仏教徒であること、日本文化の中にしっかり根付いた禅は料理から、お茶から、何から何まで、これらが全部生きることになります。

オセロゲームのように、最後に中間が全部ひっくり返るような大どんでん返しが、今、始まろうとしています。

第三章

道元とマインドフルネス

禅とは

日本文化を世界に紹介するときのいくつかのキーワードの中で、英語圏では、ZEN（禅）がよく使われます。ZENはすでに、元の日本の禅仏教、坐禅、禅そのものの文脈を離れて、東洋的な色づけの、シンプルでスタイリッシュな日本文化を表す言葉になっています。たぶん日本人が思っている以上にZENは広まっています。私自身、禅僧として一九八八年から九一年までアメリカで禅を教えていたので、この、海外の人々が最初から抱いてくださっている禅への興味と関心に我々の活動は助けられたものです。みなさん、ZENに対してとても好感を持ってくださっています。

これには長い歴史的背景があります。明治時代にアメリカに渡り、禅と日本文化に関する英語の詳しい書物を出版した鈴木大拙師と、六〇年代に西海岸のカウンターカルチャーの若者たちに支持された鈴木俊隆老師、ふたりのSuzukiの功績です。鈴木老師はサンフランシスコZENセンターを設立し、アメリカ人と実際に坐禅をして、アメリカの日常に禅が入っていくきっかけを作りました。今やZENは、日本を代表する精神文化と見なされていると言っていいでしょう。アメリカ中にZENセンターと呼ばれる場所があり、大勢のアメリカ人が日常の中で坐禅をしています。

そのようなZEN、禅ですが、そもそも「禅」とはどこから来た言葉でしょうか。

もともと禅という言葉は、禅那を略したものです。禅那とは、サンスクリット語でディヤーナ、パーリ語でジャーナの音写です。禅という原語の音略に、その意味するところである「定」を足して、「禅定」という言葉になりました。ですから禅とは一般的に、禅定のことを表しているといえます。

禅定とは、私たちのふだんの心の動き——そう、脳内映画を絶えず上映してその映画の中に入ってしまっている、いつものthinkingマインド——がすっかり止まることで、何か新しいものが現れた状態を言います。

また、禅定は、前章で触れた、お釈迦様の最初期の教えである八正道の八番目に出てきた「正定」の定のことです。八正道のうち、最後の三項目を復習しましょう。

6　正精進　Right Effort　正しい努力
7　正念　Right Mindfulness　正しいマインドフルネス
8　正定　Right Concentration　正しい禅定

この三項目は、すでに確認したように、仏教の修行方法について述べています。正しい努力（正精進）で正しいマインドフルネス（正念）を行い、それによって正しい禅定（正定）に入っていくこと。それが八正道の最初の二項目を支えます。

1　正見　Right View　正しいものの見方
2　正思惟　Right Thinking　正しい思考

お釈迦様の最初の教えのときから、正しいマインドフルネスで正しい禅定に深く入って見えてくるリアリティが、仏教の世界観の基礎になっているということです。つまり、正見も正思惟も、ふだんの知性レベルでの、ものの見方や思考ではないことは明らかです。

つまり、thinking マインドをただ働かせるだけでは、到達できないものがある。正しい禅定という、瞑想を通してのみ入っていける、ある次元。それを直接中心にすえた伝統が、インドから中国に伝わり、禅宗と呼ばれました。禅＝禅那＝禅定＝正定というつながりがよくわかりますね。

南インド出身の菩提達磨《ボダイダルマ》が、中国に渡り、洞窟で九年も壁に向かって座っていたところ、この異国の僧が何かこれまで伝わっていなかったものを持っていると見抜いた中国の若者が、命がけでその何かを受け取った。そこから、中国での禅宗が始まったとされます。そのいろいろな逸話に満ちた禅の歴史に、ここでは深くは立ち入りませんが、その後、禅宗は、唐代から宋の時代にかけて非常に盛んになりました。

日本の仏教は、日本の僧侶が中国大陸に渡り、彼の地で学び、修行して得たものを日本に持って帰ることで、その基礎ができています。平安時代初期に唐に渡り、真言密教を日本にもたらしたのが弘法大師空海で、空海は真言宗の祖となりました。平安末期には栄西禅師が宋に渡り、日本に初めて禅をもたらして、臨済宗の祖となりました。

そして、道元禅師もまた、宋に渡りました。入宋沙門道元《にっそうしゃもん》――宋に行き、仏法を学んで日本に持って帰ろうとしているひとりの仏教僧、道元。自らをそう定義づけていらっしゃいました。私自身、ミャンマーという、まったくの異国の地にあるテーラワーダ仏教を学びに行ったので、道元禅師がこの「入宋」という言葉と「沙門」という言葉に込められた決意の意味が、とてもよく伝わってきます。

その宋で、天童如浄禅師という師匠に出会い、仏法の極意を会得した道元禅師は、日本に帰国した後にいよいよその活動を始められます。京都の南の深草の地に興聖寺を建立し、その後、福井の永平寺を建てられました。曹洞宗の祖となり、日本の最も大きな仏教教団のひとつを始められた人物なので、日本では誰もが歴史の教科書でその名を学びます。

道元禅師――日本の仏教僧で、鎌倉時代初期に中国に渡り、曹洞禅の伝統を受け継ぎ、日本に帰国後は坐禅を広めた。その坐禅の特徴は、ひたすら座る只管打坐。

日本人ならば、少なくともこれくらいの基礎知識はあるかと思います。只管打坐は、私自身がその伝統のど真ん中にいた人間なので、この言葉が客観的にどれくらい一般の日本人の間に普及しているか、今ひとつわからないところはあるのですが、一応、それは日本の誰もが知っている言葉だと言っていいと思います。ただ、その中身となると、やはり、わかったようでわからないといったところでしょうか。

ともあれ、インドの地でお釈迦様が菩提樹の根元に坐り、ある真理を悟られたところから「仏教」と呼ばれる伝統が始まり、その伝統を受け継ぐ菩提達磨がインドから中国に渡ってその地の若者に皮肉骨髄——達磨大師が弟子たちの修行して得たところを評した言葉。皮肉は表層、骨髄は本質といわれる。皮肉の語源となる仏教用語——を伝えました。やがて唐から宋にかけ、それが禅宗として盛んになり、日本からは平安末期から鎌倉時代にかけて仏僧たちが宋に留学して師から直接学んだものを持ち帰り、日本の禅宗の基礎ができた。という流れを、まずおさらいしました。

その禅宗は、その後、日本文化のすみずみまで浸透していきました。たとえば、剣道、弓道、柔道、華道、茶道、書道、香道……。およそ「道」と名の付くあらゆる分野の修養・教養に、禅の思想は深く染み渡っています。大徳寺で参禅していた千利休を持ち出すまでもなく、その関係者の多くは坐禅をしていました。

日本人が身体を通して到達しようとする何かは、そのまま禅とつながっています。仏教の宗派としての曹洞宗、臨済宗という教団は、私には関係ないと言えても、「道」がつくものは誰もがそれを自分の経験として持っているでしょう。たとえばお茶をたしなむ人が、禅寺へ行って、雲水たちが応量器と言われる食器を、ひとつひとつ細心の注意を払って取り扱うのを見れば、いやでも両者に深い関係があることがわかるはずです。

また、日本の学校は生徒自身が掃除をしますね。他国ではあまりないことです。掃除をすることも大事な教育の一環とされていますが、これも、さかのぼれば禅宗から来ているのは、禅の側からは一目瞭然です。禅の修行道場では、雲水たちは坐禅するだけではなく、掃除をすることも、食事を作ることも、また食べることも、すべて禅の修行ととらえて行います。それに倣っていると考えられるのです。

道元禅師が宋から坐禅とそれを支える文化を持ち帰り、鎌倉時代の日本仏教に大きな影響を与えて以来、今に至るこの八〇〇年余の間、禅の文化は、禅寺の中だけでなく、一般の世の中のすみずみまで行き渡りました。もう当たり前すぎるので、自覚できないほどに。禅寺で行われている一般の方向けの坐禅会を経験すれば、私たちの日常のルーツがここにあることを実感できるかと思います。

日常の、一見、価値のなさそうな些末なことでも、丁寧に細心の注意で行うことで、何かそれまで体験しなかった真の世界に自ら触れることができる。その感覚は多くの人々が持っています。それこそが、日本の社会の中に染み込んでいる「禅」なのだと思います。

道元はマインドフルネスを知っていたか

そんな日本文化のすばらしい土台を作ってくださった道元禅師は、今、マインドフルネスということを聞いたならば、なんとおっしゃるでしょうか。

これは非常に大きな問いかけなのです。まず、その前提をもう一度確かめます。今、日本で「マインドフルネス」と言われるものは、アメリカで始まった心療セラピーや社員研修プログラムが中心ですが、アメリカでゼロから作られたものではなく、もともとのルーツはアジアの仏教にありました。アメリカでマインドフルネスのセラピーコースや社員研修プログラムを作った方々は、その前にアジアの仏教僧からテーラワーダ的なマインドフルネスの基礎を教わっています。

ただ、セラピーの行われる精神医療の現場や、社員研修プログラムが行われる会社において、特定の宗教が前面に出るのはまずいので、「ルーツが仏教」であることは強調されませんでした。それが、マインドフルネスを扱ったテレビ番組の冒頭で必ず司会者が説明する「マインドフルネスは宗教ではありません！」という注意書きの意味なのです。公共の電波を使って特定の宗教に肩入れすることは問題とされるので。

そういう事情をすべて理解したうえで、それでもマインドフルネスのルーツを探っていくと、それは二五〇〇年前のインドのブッダガヤという村にあることがわかります。その村の菩提樹の根元に座って瞑想されていた元王子のシッダールタという方は、ある真理を発見された。その瞬間、シッダールタは、仏陀になりました。仏陀とは目覚めた人という意味です。

仏陀の悟られた真理が、マインドフルネスのルーツです。ブッダガヤでしばらく自らの悟られた真理を深く吟味されていた仏陀は、その頃のスピリチュアルの中心地であるバラナシに向かい、近くのサールナートという場所で、その真理を世間に向けて発表されました。それが四諦・八正道でした。

人生の真理を表す四諦。そして人生の苦しみを治療する道である八正道。その八正道の七番目こそが正念です。すなわち正しいマインドフルネス。原語はサンマーサティでしたね。

前章では、この漢訳の「正念」が、正しいマインドフルネスの意味としてきちんと伝わったかどうかを検討しました。漢字の「念」にはもともと「心に深く思う」という意味があることも確認しました。原語サティが、普通のthinkingマインドの思考ではないことを理解していた鳩摩羅什《くまらじゅう》や玄奘《げんじょう》三蔵といった優れた翻訳者たちは、サティが普通の思考ではないという意味をこめて「念」の字を当てたのでしょう。

でも「念」という漢字だけでは、それが普通の thinking マインドではない、もうひとつの意識のあり方であることが、どうもはっきりしなかった。それは当たり前ですね。もうひとつの意識のあり方を実際に経験しない限り、「念」は普通の思考をただ深くすることくらいの意味にとられてしまうのは、しかたなかったでしょう。

日本でも「正念」の解説として、仏教の教えを常に心に深く留めておくこと、という説明をよく見受けます。しかし「正念」の意味が、仏陀の教えを深く常に心に置くことだと思っている限りは、それが最近アメリカから来たマインドフルネス、そしてそのルーツであるテーラワーダ仏教のサティとは、どうしても結びつかない。

正念の原語はサンマー・サティで、文字通りサンマー（正しい）サティ（マインドフルネス）なのに。

謎は深まるばかりです。まあ、実は、これは謎でもなんでもない、非常に単純明快なことなのですが、その謎の中に私自身もいましたので、多くの人にとって謎に思えてしまうのは、とてもよくわかるのです。

謎を解明するにはどうすればいいのか。仏教の文献を研究して、サティ、念、マインドフルネスの関係を文献学的に探ればいいのでしょうか。それは問題の整理にはなるでしょうが、今、すでに私たちがこの本で確認したものでじゅうぶんです。

それよりも一番手っ取り早いのは、テーラワーダ仏教の瞑想道場に行き、サティを実際に体験することでしょう。そうすれば、サティとは心に深く思うことだといっても、その「深く」が、今までのthinkingマインドのままの「深く」ではなく、まったく違う次元に飛ぶことを意味するほどに「深い」ことだと、実体験として知るでしょう。

すみません。ちょっと急ぎすぎました。少し戻ります。

道元禅師がマインドフルネスを聞いたらどう思われるか、が先ほどよりの問いでした。これまで見てきたように、今のマインドフルネスは、道元禅師の属する仏教の伝統にはないものです。道元禅師は、あくまでも、インドから東アジアに伝わった大乗仏教の流れの中の方です。いっぽう現今のマインドフルネスは、テーラワーダ仏教という、道元禅師がその存在を知りようがなかったと思われる、東南アジアを中心とした流れの中で伝えられてきたものです。そしてそれは二〇世紀後半に、テーラワーダ仏教の流れに属する長老僧たちによって西洋世界に広く伝えられ、一部はアメリカを経由して大いに世俗に適応した形をとり、今、ようやく日本にたどりついたのです。

念とは心に深く思うこと。しかし、念の意味するところを真に体得した本物の先生に瞑想を直接教わらない限り、その「深く」の意味がわからない。実際の瞑想の中では、すでに別の次元に飛んでいるのです。リアルな実感をともなって。それが「深く」の意味です。でも、その瞑想を一度もしたことがなくて、今、目の前に、マインドフルネス、念、サティという言葉を並べられても、何がなにやらわからない。三〇年前にアメリカで大混乱に陥った私のように。

なので、日本の仏教の伝統の中でのみ、修行と勉強をしてきた人（三〇年前の私もそのひとり）が、ここ最近急に聞くようになったマインドフルネスに対して、どうしようもなく疑いの目を向けるのはしかたないのです。私自身がそうでしたから、とてもとてもその気持ちはよくわかります。

道元禅師が今、マインドフルネスということを聞いたらどう思われるか。

何度もこの問いに戻ります。この問いは、実は道元禅師という方を理解するうえでも、とても重要な問いなのです。道元禅師の所属された伝統とマインドフルネスの伝統は歴史的にまったく違う流れです。道元禅師は、テーラワーダ仏教が、アジアの南方に広がっているということをご存じになりようがなかった。

自分の所属する伝統。それが最高のものだと誰もが思いたい。その中にお釈迦様の教えがすべて含まれていると思いたい。たとえそれが客観的事実から遠くても。特に、日本というアジアの極東に位置する国に、インドのお釈迦様の教えがすべてそのまま伝わるには、時代的にも、距離的にも、文化的にもかなりむずかしかっただろうとわかっていても。それが人情というものです。

でも、道元禅師は少し違うのです。この日本という、天竺（インドのこと）から遠く離れた小国が、お釈迦様の真の教えの伝統から遠かったのではという怖れを抱き、それが宋への留学へと禅師をかき立てたのでしょうが、生涯の終わり頃に、また不思議な文章を残されています。それは前章で取り上げた『正法眼蔵八大人覚』の中です。五番目の「不忘念」の意味は、前章で、歴史をふまえて分析しましたね。

禅師は、八大人覚をひとつずつ紹介した後で、もしかしたらこの極東の小国である日本には、この八大人覚というお釈迦様の重大な教えがきちんと伝わっていなかったのでは、伝わったとしても、それがとてつもなく重要な教えだと見抜けていなかったのでは、という疑問を呈されます。そこに、まさに念の問題が深く絡んでいたのです。

しかあるに、いましらざるものはおほく、見聞《けんもん》せることあるものはすくなきは、魔嬈《まにょう》によりてしらざるなり。また宿殖善根《しゅくじきぜんこん》すくなきもの、きかず、みず。むかし正法《しょうぼう》・像法《ぞうぼう》のあひだは、仏弟子みな、これをしれり、修習し、参学しき。いまは千比丘のなかに、一両箇《いちりょうこ》、この八大人覚、しれるものなし。あはれむべし、澆季《ぎょうき》の陵夷《りょうい》、たとふるにものなし。如来の正法、いま大千に流布して、白法《びゃくほう》、

いまだ滅せざらむとき、いそぎ習学すべきなり、緩怠《かんたい》なることなかれ

この不思議な文章は、私も若い頃から気になっていました。曹洞宗の雲水として、何か消化しきれないものがある。ふだんの修行としてやっていることの中に収まりきらないものがある。これはいったい何だ、と。

その後、アメリカでマインドフルネスに出合い、テーラワーダ仏教の本拠地まで行ってとことん学んだ今ならわかるのです。

あ、道元禅師も気づかれていたのだと。この念＝マインドフルネス＝サティをめぐる問題群に。念という仏教用語が含んでいる重大な何かに。だから生涯の終わりに「不忘念」を中核に持つ「八大人覚」を、ほぼ遺言という形で私たちに残されたのだと。

でも、禅師のその問題意識を、どうも後世の私たちは理解できていなかった。そう、今にいたるまで。

ところが、二一世紀の私たち、マインドフルネスに向き合うことになった私たちには、それがどういうことだったのかがわかりかけている。それは、ある条件が充たされたからです。その条件とは、テーラワーダ仏教を、日本の仏教史上初めて、素直に

学ぶことができたということ。

『普勧坐禅儀』の「非思量」

ただ、この複雑で微妙な問題に入る前に、やっておかなければいけないことがあります。道元禅師の教えの基本をきちんと見ておきたいのです。それには宋から帰国直後に、普《あまね》く坐禅を老若男女に勧めようという意思で書かれた有名なテクスト、その名も『普勧坐禅儀』を丁寧に読むのが一番でしょう。

これはいわば、宋の国で真理に出合った道元禅師が、日本で自分を待ってくれていた方々への報告として、帰国後、初めて示された坐禅マニュアルです。そもそも坐禅とはどういう文脈でやるものなのか、その背景と狙いは、その具体的な方法は、などといったことが、非常にコンパクトにまとめられています。

『普勧坐禅儀』は、曹洞宗の坐禅道場だと、夜坐の時間の最後に非常にゆったりしたペースで読経されます。坐禅しながら、その意味を自分の身体にしみこませるように、誰もがくり返し読まなければいけない、坐禅に関する基本の教科書です。

これまで見てきたように、禅とマインドフルネスのふたつが、原理的にぶつからざるを得ないように見えたのは、禅が最も大切にしている「思いの手放し」に、「気づき」がどうしても抵触してしまうから。というか、抵触しているように見えるからでした。

もし「気づき」すなわちマインドフルネスが、手放すべき「思い」と同じく〝雑念〟レベルの認識であれば、そのような「気づき」はあまりに平板で、ふだんの生活にいくらでもあるようなレベルの「気づき」になってしまいます。

そのような禅の立場からの徹底的な批判——「気づき」とは手放すべき「思い」の一種に過ぎないのではないか——を受けて、マインドフルネスを真剣に実践してきた人々も、その問題をよく吟味し、マインドフルネスとは単に主体が客体を認識する、気づくという話ではなく、マインドフルに観察する主体は、私たちが普通、自分だと思い込んでいるthinkingマインドではない、ということを自覚しつつあります。

では、ふだんのthinkingマインドではないという、マインドフルネスの主体がはっきりしたとき、それは禅の側にとっては何を意味するでしょうか。
これより取り上げる『普勧坐禅儀』でも、私たちはもともと完全なのだ、汚れの世界を超越しているのだ、という表現が出てきます。それは、こうこうこういうわけだから、我々はもともと完全なのだという流れで出てくるのはなく、いきなり唐突に、そうだと言われるのです。ただそう信じるしかないものとして。

禅だけの世界では、これ以上先へは進めなかったのですが、今、マインドフルに観察する主体がはっきり見えたとき、私たちがもともと完全であること、汚れを超越していることは、ただいきなりそう信じるのではなく、リアルに実感でき、体験できるものになるのです。

『普勧坐禅儀』の論理は、「ふだんの自分」と「もうひとつの私」との関係に基づいて展開していきます。
この「もうひとつの私」を、私はこれまでの著書の中で「青空としての私」「この世界に所属していない私」「向こう岸の私」「(内山興正老師の図に従って)第五図の私」

などと表現していました。その反対の「ふだんの自分」は、「雲としての私」「この世界に所属している私」「こちら岸の私」「(内山老師の図に従って) 第四図の私」です。

このふたつの「私」の間は断絶しています。歩いては行けない、ジャンプするしかないということも、これまでずっと述べてきました。

ですから仏教における修行というものは、今までの「私」が、より良い「私」になることではないのです。パオ森林僧院で実感した「別の部屋」で、または、この世界に所属していない「青空」の次元で、あるいは、俗世のこちら岸ではない「向こう岸」で、そして、脳内映画から抜け出た「第五図」で、つまりはもともと「すべて完全で、汚れを超越しているところ」で、徹底的に落ち着くことだといえます。

そして、その「青空の私」に落ち着いた状態とは、通常の意識がなくなった無意識というような、認識のできない状態ではなく、もうひとつの意識として完全に明確に認識しうる状態であるのです。それが本当のマインドフルネスであり、これから読み解くように、道元禅師は、そのことを「非思量」という言葉などではっきりと表現されています。

これから現代語訳をするにあたって、こちら岸を「此岸（しがん）」、向こう岸を「彼岸（ひがん）」と表す仏教用語をあえて使います。その理由は、日本文化の中で、「お彼岸」という考え方がしっかり根付いているからです。

ちなみに、お彼岸にお墓参りをする習慣は、テーラワーダ仏教の国では聞いたことがありませんでした。実際はどうなのでしょうか。ともあれ、日本のみなさんは、向こう岸にいるご先祖さまを、春と秋のお彼岸にお墓参りする習慣をお持ちですね。

この世ではない向こう岸の世界があるのだという漠然とした感覚。漠然としていてかまいません。それをふまえて、本当の「彼岸」の意味を、『普勧坐禅儀』の現代語訳の中で探究したいと思います。

「此岸」と「彼岸」、このふたつの岸の間には川が流れています。今までの「私」が世間を渡ってきたどんな方法を使っても、この川を渡ることはできません。ここがポイントです。今までの方法では不可能であることが、『普勧坐禅儀』の重大な要点のひとつになっていて、何度もくり返し主張されます。

この川を渡る方法を、道元禅師は「非思量」などの独自の用語を使って表現されていますが、まさにそれが、これまで述べてきたマインドフルネスであると、現代の私たちには読み解けるのです。

なぜなら、私たちがマインドフルネスであったとき、私たちの主体は此岸の「私」から、彼岸の「私」に転換するので、自然と私たちは彼岸に立っています。そのことを『普勧坐禅儀』の冒頭で道元禅師は説かれます。

そして、彼岸の「私」はマインドフルに、明確に、すべてを認識してはいるが、それは思いではない、thinking マインドではない、と、道元禅師は説かれるのです。

このような予備知識を得て、『普勧坐禅儀』を読んでいきましょう。

これまでにいろいろな現代語訳や解説書が出されてきましたが、以上の流れを踏まえたうえで、訳していきます。まず原文、その後に現代語による超訳を載せます。

現代語訳は、私がその意味を中心に、思いきって意訳しました。至らぬところがあれば、それはひとえに私の能力の不足と取っていただき、まずは道元禅師が宋から帰国して、意気揚々と、本格的な活動をこれから始めるぞというときに、お弟子さんたちに本当におっしゃりたかったことを、通しで読んでみてください。

普勧坐禅儀

観音導利興聖宝林寺沙門《かんのんどうりこうしょうほうりんじしゃもん》 道元 撰

原《たず》ぬるに夫《そ》れ、道本円通《どうもとえんずう》、いかでか修証《しゅしょう》を仮《か》らん。

——釈迦牟尼仏陀《しゃかむにぶっだ》から教えられた八正道の核であるマインドフルネスを行じたとき、我々はマインドフルネスの主体が、彼岸の私であることを発見した。彼岸の私は、此岸の私と違って完全であり、この世界すべてに行き渡っている。私＝世界だから。なので、此岸の私がこれから修行して、どこか遠くにある悟り（証）を求めていこうということではない。

宗乗自在《しゅうじょうじざい》、なんぞ功夫《くふう》を費やさん。

——此岸から彼岸へ渡っていく重要な乗り物は、それ自体がすべてのものから解放されているので、あらためて、此岸の私がいろいろな人工的なことをする必要がない。

いわんや、全体はるかに塵埃《じんない》を出ず、たれか払拭《ほっしき》の手段を信ぜん。

――そもそも彼岸には、塵や埃のような汚れが存在していないので、此岸の私ががんばって汚れを除くための掃除の必要性などない。

おおよそ当処《とうじょ》を離れず、あに修行の脚頭《きゃくとう》を用うるものならんや。

――この彼岸ですべてが満ち足りているから、これからどこか遠くに何かを探しにいく必要もない。

然《しかれ》ども、毫釐《ごうり》も差あれば、天地はるかに隔たり、違順わずかに起《おこ》れば、紛然《ふんねん》として心を失す。

――此岸と彼岸の関係がわかれば、修行とは何かがわかるはずなのに、「此岸の私」

と「彼岸の私」の二重構造を、ほんの少しでも誤解すれば、天と地ほども真実から離れていってしまう。行き違いがちょっとでも生じれば、大混乱して訳がわからなくなる。

たとい、会《え》に誇り、悟《ご》に豊かにして、瞥地《べっち》の智通《ちつう》を獲《え》、道《どう》を得《え》、心《しん》を明《あきら》めて、衝天《しょうてん》の志気《しいき》を挙《こ》し、入頭《にゅうとう》の辺量に逍遥すといえども、ほとんど出身の活路を虧闕《きけつ》す。

――此岸の私ががんばって何かを理解したり、大きな悟りを得たり、瞑想の境地をちらっとだけ見て、その智慧を得たり、仏道を自分のものとして、心を明らかに理解したり、天をも衝くほどの志を持ったり、真実の世界に頭を少しだけ入れて悟りの境涯を味わったとしても、「私」の二重構造がわからないままだと、本当に彼岸に達する道が欠落している。

いわんや、かの祇園の生知《しょうち》たる、端坐《たんざ》六年の蹤跡《しょうせき》見つべし、少林の心印《しんいん》を伝うる、面壁九歳《めんぺきくさい》の声名《せいめい》なお聞こゆ。古聖《こしょう》すでに然《しか》り、今人《こんじん》なんぞ弁ぜざる。

——生まれながらに智慧を持たれていたお釈迦様が、六年もの間瞑想された、その跡を見なければいけない。菩提達磨が、インドから中国に悟りの印を伝えに来て、少林寺で九年間面壁をされていた、その素晴らしい評判が聞こえている。古の聖者たちがそのようなのだから、現代の我々も、どうして修行しないわけにいくだろうか。

ゆえに、須《すべか》らく言《こと》を尋《たず》ね語を逐《お》うの解行《げぎょう》を休すべし。須らく、回光返照《えこうへんしょう》の退歩を学すべし。身心自然《しんじんじねん》に脱落して、本来の面目現前《めんもくげんぜん》せん。恁麼《いんも》の事《じ》を得んと欲《ほっ》せば、急《きゅう》に恁麼の事を務めよ。

——だから、此岸の私が、そのthinkingマインドを働かせて、言葉を使って彼岸に達しようとしたり、言語表現を追いかけて、何とか頭で理解しようとすることを止めなければいけない。是非、智慧の光を自分自身に向けて、此岸の私が進もうとする方向ではなく、真実の自己に戻る方法を学ぶべき。そのとき、今までこれこそ自分だと思っていた身体と心が、自然に脱落してゆき、本当の自分が目の前に現れてくるだろう。本来の自己が現れてくるようにしようと思ったら、本来の自己として生きなければならない。

それ参禅は静室《じょうしつ》宜しく、飲食節《おんじきせつ》あり。諸縁を放捨《ほうしゃ》し、万事を休息して、善悪を思わず、是非を管することなかれ。心《しん》意識の運転を停《や》め、念想観の測量《しきりょう》を止《や》めて、作仏《さぶつ》を図ることなかれ、あに坐臥《ざが》に拘《かか》わらんや。

――坐禅瞑想をするには、静かな場所を選んでするのが良い。飲み過ぎたり、食べ過ぎたりしないようにする。いろいろな縁を手放して、すべての行いを、いったんは止める。今まで、此岸の頭で考えたような、善とか悪、いいとか悪いとかの判断は休止する。此岸の私の心の運転を止める。心であれこれ思い測ることを止める。自分が勝手に考えた仏になろうとも思わない。以上のことは、座っていようが寝ていようが、いつでもそうでなければならない。

尋常《よのつね》、坐処《ざしょ》には厚く坐物《ざもつ》を敷き、上に蒲団を用ゆ、あるいは結跏趺坐《けっかふざ》、あるいは半跏《はんか》趺坐。いわく、結跏趺坐は、まず右の足をもって左のももの上に安《あん》じ、左の足を、右のももの上に安ず。半跏趺坐は、ただ、左の足をもって、右のももを圧《お》すなり。寛《ゆる》く衣帯《えたい》を繋《か》けて、斉整ならしむべし。

――通常、坐禅瞑想をする場所には、厚い敷きものを敷いておく。その上に坐蒲《ざぶ》とよばれる坐禅用のクッションを置く。坐禅の方法はふたつあり、結跏趺坐と半跏趺坐である。結跏趺坐は、まず右足を左足のももの上に置き、次に左の足を右のももの上に置く。それに対して半跏趺坐は、左の足を右足のももの上に置くのみである。服装をゆったりとして、だらしなくないように、きちんと整える。

次に、右の手を左の足の上に安じ、左の掌《たなごころ》を右の掌の上に安ず。両の大拇指《だいぼし》、むかいて相柱《あいさそ》う。乃《すな》わち正身《しょうしん》端坐して、左に側《そばだ》ち、右に傾《かたぶ》き、前に躬《くぐま》り後《うしろ》に仰ぐことを得ざれ。耳と肩と対し、鼻と臍《ほぞ》と対せしめんことを要す。舌上の腭《あぎと》に掛《か》けて、唇《しん》歯《し》相《あい》着け、目は須《すべか》らく常に開くべし。鼻息《びそく》微かに通じ、

――次に、右の手を左の足のかかとの上にのせる。左の掌を右の掌の上にのせる（実際には右手の親指以外の四本の指の上に、左の四本の指をのせる）。両手の親指がお互いに支え合う（二本の親指は一つの直線を作る）。背中をまっすぐにし

て座り、左に傾いたり、右に傾いたり、前かがみになったり、仰向きになったりしてはいけない。両耳は、両肩とぴたりと合ってずれてはいけない。鼻とおへそも一直線上になければいけない。舌の先を、上の前歯の根元に置く。唇も歯も上下ぴたりと閉じるべき。目はいつも開いておく（半眼）。鼻から息が微細に通じていて、

身相《しんそう》すでに調《ととの》えて、欠気一息《かんきいっそく》し、左右揺振《ようしん》して、兀兀《ごつごつ》として坐定《ざじょう》して、箇《こ》の不思《ふし》量底《りょうてい》を思量せよ。不思量底いかんが思量せん。非思量。これ即ち坐禅の要術なり。

――身体の姿勢、形を整えてから、ゆっくりと深呼吸を一回する。左右に身体を揺らす。兀兀（ごつごつ）と身体が、坐禅の形そのものの中に落ち着いていく。そこで此岸の私のthinkingマインド（＝思量）が届かない次元（＝不思量底）を探究せよ。thinkingマインドが届かない次元をどう探究すればいいのか。非思量である。非思量はマインドではない。だからといって無意識になるのではない。もうひとつの明瞭な意識のことである。すなわち彼岸に立つ「私」の意識。彼岸からすべてを観察しているマインドフルネス（気づき）のこと。人がマインドフ

ルであったとき、「此岸の私」は「彼岸の私」へと主体を変換している。思量の此岸から、それの届かない彼岸へとジャンプしている。これこそが、坐禅瞑想の最重要ポイント。

いわゆる坐禅は習禅《しゅうぜん》にはあらず。ただこれ安楽の法門なり。菩提を究尽《ぐうじん》するの修証なり。公案現成《こうあんげんじょう》羅籠《らろう》いまだ到らず。もしこの意を得ば、龍の水を得《う》るがごとく、虎の山に靠《よ》るに似たり。当《まさ》に知るべし、正法《しょうぼう》自《おのずか》ら現前し、昏散《こんさん》まず撲落《ぼくらく》することを。もし坐より起《た》たば、徐徐として身を動かし、安祥として起つべし。卒暴なるべからず。

――だから、坐禅瞑想とは、此岸の私が、これから何かを工夫して違う自分になることではない。ただ、彼岸の私に備わった安らぎと楽しみに落ち着いていくことである。本当の悟りを極め尽くすための、修行と悟りの一体となったものである。彼岸の世界は、すべてが完成され、人間の自由を奪うものはその世界には入って来られない。この意味がわかったときは、龍が本来の住処である水の中に入り、虎が本拠地である山の中にいるようなものである。このように坐禅瞑想の真意がわかったら、正しいダルマ（法）が自然と現れて、気持ちが沈んだり、気が散ったりすることはなくなる。坐禅の終わりに坐蒲から立つときは、まずゆっくりと身体を左右に動かし、こわばりを取ってから安らかに立ち上がるべきである。乱暴に行動してはいけない。

嘗《かつ》て観る、超凡越聖《おっしょう》、坐脱立亡《ざだつりゅうぼう》も、この力に一任することを。いわんやまた指竿針鎚《しかんしんつい》を拈《ねん》ずるの転機、払拳棒喝《ほっけんぼうかつ》を挙《こ》するの証契《しょうかい》も、未だこれ思量分別の能く解するところにあらず、あに神通修証の能く知るところとせんや。声色《しょうしょく》の外《ほか》の威《いい》儀《ぎ》たるべし、なんぞ知見の前《さき》の軌則にあらざるものならんや。

——昔の修行者の中には、凡夫と聖者の差別も超えた人もいた。坐禅したまま、あるいは立禅をしたたまま、禅定の中で涅槃に入った人もいたが、彼らはみな、この坐禅が本来持っている力に身を任せただけである。言うまでもなく、指、竿、針、鎚などを使って他の修行者の意識を変えようとしたり、払子を使い、拳を上げ、棒を使い、喝と叫んだり、いろいろな方法で悟りを伝えようとした人たちについても、彼らの行動の真意を此岸の私の thinking マインドであれこれ考えてもわからないだろう。ましてや修行で神通力を得ようとする人たちにはまったく理解できないだろう。此岸の私が感覚器官でつかめる世界の外のできごとである。マインドがつかむことのできない次元の話である。

然《しか》れば則ち、上智下愚《かぐ》を論ぜず、利人鈍者《りじんどんしゃ》を簡《えら》ぶことなかれ。専一に功夫せば、正にこれ弁道なり。修証自ら染汚《ぜんな》せず、趣向さらにこれ平常《びょうじょう》なるものなり。

――だから、此岸の私の知見の及ぶ次元の話ではないので、その次元での頭が良かったり悪かったりとは関係がない。世間の基準での頭の良い悪いをもとに、坐禅瞑想をとらえてはいけない。ただ心を集中して務め励めば、そのことがまさに道をはっきりと理解し、その理解に基づいて実践することになる。此岸のできごとではなく、すべて彼岸のできごとなので、修行も悟りも、自分の思いで汚されることはない。赴くべきところは、ただ当たり前の「私の二重構造」そのもので、それは日常の中で既に実現されている。

凡《およ》そ夫《そ》れ、自界他方、西天《さいてん》東地、等しく仏印《ぶっちん》を持《じ》し、もっぱら宗風《しゅうふう》を擅《ほしいまま》にす。

ただ打坐《たざ》を務めて、兀地《ごっち》に礙《さ》えらる。万別千差《ばんべつせんしゃ》というといえども、祗管《しかん》に参禅弁道すべし。なんぞ自家《じけ》の坐牀《ざじょう》を抛却《ぼうきゃく》して、みだりに他国の塵境《じんきょう》に去来せん。もし一歩を錯《あやま》れば当面に蹉過す。

——おおよそこの世界でも、別の世界でも、西のインドから東の中国・朝鮮・日本に至るすべての国土でも、等しく仏陀の悟りの印を保持し、悟りの世界からの風を自分たちのものとしている。それは、坐禅瞑想をして、彼岸というリアルなもの、そのものに自分を規定されているから。教えを伝える伝統はそれぞれ違っていても、ただ坐禅瞑想をすることによって本当の道を明らかにするべきである。せっかく、すべてがここに完璧に整っているのに、自分の坐禅瞑想の場所をいい加減に扱って、外国の不完全な次元に行こうとするのか。もし、一歩でも行き先を間違えれば、たちまちに道からはずれてしまう。

既に人身《にんしん》の機要を得たり、虚しく光陰を度《わた》ることなかれ。仏道の要機を保任す、誰《た》れかみだりに石火を楽《たのし》まん。しかのみならず、形質《ぎょうしつ》は草露《そうろ》のごとく、運命は電光に似たり、倏忽《しゅくこつ》として便《すなわ》ち空じ、須臾《しゅゆ》に即ち失す。

——自らを振り返ってみよう。我々は既に、人間に生まれるという非常に重大な機会を得ている。無駄なことで時間を浪費してはいけない。我々は、仏道を明らかにしていくという重大な機会を手にしている。それなのに、火打ち石の火のような、一瞬で消えていくような楽しみにうつつを抜かすことはできない。そればかりではない、この人間の身体は、草の上の露のようにすぐに消えていく。我々の運命は、雷のように、一瞬でなくなり、失われてしまう。

冀《こいねがわ》くは其《そ》れ参学の高流《こうる》、久しく模象《もぞう》に習って、真龍を怪《あやし》むことなかれ。直指《じきし》端的の道《どう》に精進し、絶学無為の人を尊貴し、仏仏の菩提に合沓《がっとう》し、祖祖の三昧を嫡《てき》嗣《し》せよ。久しく恁麼《いんも》なることを為さば、須《すべか》らくこれ恁麼なるべし。宝蔵自《おのずか》ら開けて、受用《じゅゆう》如意ならん。

——お願い申し上げる。この真理の道に参じてきた人々よ、象の一部をなでて象そのものと誤解したり、龍の絵や彫刻が好きだったのに、ホンモノの龍が現れると驚いてしまった人のようであってはならない。このマインドが考え出したものではなく、直接にリアルに触れられて、持ってまわったものではないこの道に精進してください。マインドで学べない、何かを人工的にするのではない次元に落ち着いた人を尊敬し、大事にして、仏陀たちの悟りと完全に一致し、祖師が伝えてきた三昧の境地を受け継いでください。ただ、リアルな真理をそのまま行えば、行われる。彼岸の私としてマインドフルネスを行ずることによって、彼岸の私になる。そのとき、宝の蔵はその扉を開けて、その宝を己が望むまま、自分のものとして自由に使うことができる。

原文と超訳は以上です。冒頭に見られるように、只管打坐はなぜ成り立つか。その根底が「道本円通」だからだ、とあります。それはただ信じるのではなく、確実に事実として存在する何かに言及して、それはもとから完璧なのだと説明している。

いきなり何かを前提として受け容れるのではなく、その何かにマインドフルネスによって触れることができるとなると、只管打坐の意味するところが、がらりと変わるでしょう。只管打坐とは、これまで解説されてきたように、「何も求めてはいけないのだ、ただ座っていればいいのだ」と、無理矢理自分の心を抑えることではなかったのです。
只管打坐の真の意味は、「本当にもう何も求める必要がないのだな」と、心の底から納得し、深く深く実感するということです。その後で、ではこの先、自分がやるべきことは、ただ座るだけ、となる。そして毎日毎日、ただ座っていく。ひとかけらの疑いも、不満も持たずに。

『正法眼蔵八大人覚』の「不忘念」

この、只管打坐さえすればいいことを保証するもの、それを本当に実感する方法がマインドフルネスでした。二一世紀の日本では、テーラワーダの国からマインドフルネスがやって来たことによって私たちはそれを実践するようになり、それは只管打坐の基礎になることを発見しつつあります。

でも、それは現代の話です。道元禅師は一三世紀の方でした。そのときまだマインドフルネスは日本にやって来てはいなかった。

そうなのですが、今の私の立ち位置——現代の曹洞宗の流れの中で只管打坐し、その後、ミャンマーで本格的なマインドフルネスを学んだ者の立場——から俯瞰すると、道元禅師は只管打坐とマインドフルネスのつながりを、しっかり理解されていたとしか思えないのです。

マインドフルネスは、漢訳では「念」です。すでに私たちは前章で、この「念」をめぐる歴史的経緯を分析しました。この章でも先ほど一二六頁で、『正法眼蔵八大人覚』の中で道元禅師の残された、不思議な文章に触れました。「なぜこれだけ大事な点に、みな気づかないのだろう」という、道元禅師の慨嘆でした。

①二一世紀の日本に到来し、初めて詳しく内容がわかってきたマインドフルネス。②『普勧坐禅儀』の現代語訳を通して見えてきた、道元禅師の、宋から帰国直後に大胆に打ち出された只管打坐の実践と理論。そして、③道元禅師が生涯最後の文章の中で示された、「只管打坐と念との関係が看過されてきたのでは」という疑義。

今、私たちの手元には、この三つの手がかりがあります。それを頭に入れて、道元禅師はマインドフルネスを理解されていたとしか思えないという考察に至る訳を、順に紐解いていきましょう。

まずもう一度、お釈迦様の遺言である「八大人覚」、すなわち悟りに向かう八つの要点を再掲します。

一　少欲
二　知足
三　楽寂静
四　勤精進
五　不忘念
六　修禅定
七　修智慧
八　不戯論

このうち、禅宗における五番目の「不忘念」と「不妄念」をめぐる問題については、前章ですでに取り上げました。が、この章では別の角度からもう一度「不忘念」を見ていきます。それは、「不忘念」についての道元禅師の解説です。

五つに、不忘念。亦た守正念となづく。法を守って失せざるを、名づけて正念と為す、また不忘念と名づく

私たちは、前章で、禅僧がどうしてもマインドフルネスに抵抗を覚えてしまうその心理と論理の分析をしました。マインドフルネスとは、何かに気づいていること。その気づきを「主体が客体に気づいていること」ととらえてしまうと、それは思い（＝雑念）の一形態であるので、あくまでも手放すべきものになる。

であれば坐禅の実践において、思いの手放し、思いの手放し……それを百千万発（ずっと続けるという意味。内山興正老師の表現）するときに、マインドフルネス（＝念）が重要な要素である必要はないのです。それゆえ、これだけマインドフルネスが世界中で話題になりながら、海外の禅センターですら、マインドフルネスに対して沈黙を守っているという、不思議な現象が起こっています。

しかしながら、お釈迦様と道元禅師のダブル遺言である「八大人覚」の中核をなす

のが、五番目の「不忘念」であるというのは、厳然たる事実です。そして、不忘念の意味は、文字通り「念を忘れるな」。つまり「マインドフルネスを忘れるな」ということです。

うーん、このままだと、禅僧としての心情と禅宗の現状が、お釈迦様と道元禅師のダブル遺言とぶつかってしまいます。普通に考えると、これは非常に困った事態だとおわかりいただけますね。でも大丈夫です。私たちはそれを解決する道を、もう知っていますから。

念＝マインドフルネスは、主体と客体が分かれた中で、主体が客体に気づくことではなかったことは、すでに確認済みです。実践によっても、それは確かめられます。主客が分かれたままのところで、一つの対象――たとえば呼吸――にずっと気づき続けることは不可能だからです。

主客が分かれた状態の心は、昔から「意馬心猿」といわれてきました。その意味するところは、「我々の心は野生の馬のようにどこへ走っていくかわからない。お猿さんのように、ひとつの枝から次の枝へと移っていく」ということです。そういう心が、日本マインドフルネス学会によるマインドフルネスの定義のように、「とらわれ、好き嫌い、認知の歪みなしに、観察すること」などとてもできないでしょう。なぜなら、主客に分かれた状態の心自身がとらわれであり、好き嫌いそのものであり、認知は歪みっぱなしで、何が正しい認知かもわからない状態にありますから。

主客の分離した心が、マインドフルになることは不可能。ということは、禅僧たちが疑いを持った現代の表層的なマインドフルネスは、そもそも真のマインドフルネスではなかったということになります。

お釈迦様と道元禅師が「念（＝マインドフルネス）を忘れるな」と言われたのは、もちろん、真のマインドフルネスを忘れるなという意味ですから、現代の禅僧たちのマインドフルネスに対する懸念は、この時点ですべて消え失せるでしょう。たったひとつの問題を残して。それは、「真実のマインドフルネスとはいったい何か」ということ。

そこで先ほどの、道元禅師の言葉を思い出してほしいのです。

不忘念。亦た守正念となづく。法を守って失せざるを、名づけて正念と為す、また不忘念と名づく

この文章の意味するところは、もう明らかですね。主客に分かれた状態が脱落したところにある、もうひとつの意識が「念（＝マインドフルネス）」である。その状態を、道元禅師は「正念」と呼び、また「法（ダルマ＝真理）」と呼ばれたのです。そして、その法の状態にあり続け、それを失わないことを、正念を守ることであるとされた。それが「不忘念」の意味であると理解すれば、お釈迦様と道元禅師のご遺言の中心にある「マインドフルネスを忘れるな」が、本当の意味で腑に落ちるでしょう。

主客が分かれた枠組みではないところにある気づきが、真のマインドフルネス。そのマインドフルネスが、心意識が生じて滅している状態を観察し、それが無常であり、苦であり、無我であることを認識した果てに、その心意識は止まる。『普勧坐禅儀』に心意識の運転が止まるとあるように。

では、それで心の活動がなくなり、我々は無意識状態、つまり気を失った状態になるかというと、そうはならない。心意識が止まったと明確に観察している、心意識とはまったく違う形の、それでも意識としか呼びようのないものが残る。

自分とは今まで、心意識とそれが宿る肉体のことだった。その心意識が恣意的に映画を制作し、自分が勝手に作ったその映画をリアルだと信じ込んだところから、我々の苦しみが始まった。また、この肉体も、この世界に生まれた以上はやがて年を取って、病気になって、最後には死んでいく、まさに苦しみそのものである。

つまり、最初から苦しまざるを得ないという、絶望的状態にいるのが私たち人間の本質であり、それが四諦の最初の「苦諦」の意味でした。

しかしそこに、今、ばりばりと亀裂が入っていく。自分そのものだった心意識とは違う意識がある。その意識も「私」である。では「私」とはいったい誰か。少なくとも今まで信じ込んでいたような「私」がすべてではない、もうひとりの「私」がいるようだ。

生まれて、年を取って、病気になって、死んでいく肉体としての私。
生まれてもいない、死ぬこともない私。

このふたつの「私」が、この私のところに同時に存在する。それが「生死即涅槃《しょうじそくねはん》」ということ。日本でずっと説かれてきた大乗仏教の大事な概念ですが、このことがわかれば、何もむずかしいことではなかったのです。

あとは、ふたつめの「生まれてもいない、死ぬこともない私」をどこで発見できるのかが焦点です。

もちろん、心意識が止まったのを観ている「私」のところでそれを発見し、直接認識し、深く実感することになります。そもそも仏教の瞑想の体系は、それが最終目標になるようにできているのです。

「マインドフルネスを忘れるな」とは、初心者向けマインドフルネス教室のレベルで言われるような、「いつも呼吸に気づいていなさい」という意味ではありませんでした。もちろんマインドフルネスを実践する出発点としては、そういうシンプルなマインドフルネスの実践も含めていいでしょう。とはいえ、その本当の意味は、「生まれてもいない、死ぬこともない私」を常に意識し続けることです。そのときすべては円《まど》かに通じて完成している。

それが『普勧坐禅儀』の最初の言葉、「道本円通」の意味です。ここまで来て私たちはようやく、只管打坐の出発点に立てます。「生まれてもいない、死ぬこともない私」に、ただ落ち着いて座る。今からがんばって、生死を乗り越えようとするのではない。今からがんばって、心の汚れを落とそうとするのではない。今からがんばって、この場所を離れてどこかに理想の地を探そうというのではない。

心意識を超えた、その場所にどうやって行くか。そのことについて、道元禅師は「不思量底をいかに思量するか」と問いかけます。つまり、思量の届かない次元に行く方法が問題になってくるのです。それが坐禅そのものの最も重要なポイントになるのは当たり前です。『普勧坐禅儀』の中の、まさにクライマックスに当たる箇所ですが、そこでの道元禅師の答えは実にシンプルです。それは「非思量」によってだと言われます。

非思量とは、普通の心意識（＝思量）をただ否定するのではありません。思量をそのまま続けるのでも、もちろんない。そのどちらでもないあり方が「非思量」です。

これがマインドフルネスであることは、もう明らかですね。マインドフルネスとは、普通の主客に分かれた状況での気づき――つまり、ふだんの思量の一形態――ではなく、その単純な否定でもない。もうひとつの場所からの観察であるから、それを「思量に非ず」と表現された。

つまり、マインドフルネス＝非思量。非思量＝マインドフルネス。

この結論に、先ほどの三つの手がかりを突き合わせると、「道元禅師はマインドフルネスを理解されていた」という考察に至らざるを得ないのです。その三つとは、①二一世紀の日本に到来し、初めて詳しく内容がわかってきたマインドフルネス。②『普勧坐禅儀』の現代語訳を通して見えてきた、道元禅師の、宋から帰国直後に大胆に打ち出された只管打坐の実践と理論。③道元禅師が生涯最後の文章の中で示された、

「只管打坐と念との関係が看過されてきたのでは」という疑義。

　ところが私自身を含む後世の禅僧たちは、マインドフルネスを、主客が分かれた状態での気づき、つまり「思量」の一種と勘違いしてしまったので、「不忘念――すなわちマインドフルネスを忘れるな」がどうにもわからなかった。マインドフルネス＝非思量だとわかれば、不忘念など、当たり前過ぎるほど当たり前のことなのに。

「マインドフルネス＝非思量」ということがはっきりした後で、道元禅師の生涯をたどると、出発点である『普勧坐禅儀』からご遺言になった『正法眼蔵八大人覚』まで、貫かれたものが何だったかがわかるでしょう。

　最初の『普勧坐禅儀』では、その中の最も重要な言葉である「非思量」を言われた。最後の『正法眼蔵八大人覚』では、その中の最も重要な言葉である「不忘念」を言われた。非思量＝マインドフルネスなのだから、言葉は変わっても言われたことはいつ

も同じであった。

二一世紀の私たちは、一三世紀の人々にとって「非思量」や「不忘念」だけでは今ひとつわかりにくかったところも、マインドフルネスを通して「非思量＝不忘念」「不忘念＝非思量」としっかり認識することで、すべておそろしく具体的に理解できる。

道元禅師の生涯を、マインドフルネスという観点から読み解くと、見事に首尾一貫していることが見えてきます。最初期は、大きな地図を描かれ、坐禅をする文脈をはっきりさせた。晩年になるとその地図の中をどう旅するかの方法について書かれた。地図と、その地図を旅するための具体的手段。私たちはようやくそのふたつを手に入れました。というより、とっくに手渡していただいていることに、やっと気づいた。

非思量＝マインドフルネス。それをどう実感するか。まずは遠回りでも、「間違ったマインドフルネス」をやってみましょう。それもかなり本気に。

私の心の中のお猿さんに呼吸をじっと見つめてもらいましょう。吸う息と、吐く息。

○・一秒くらいは吸う息を見ましたが、もうすぐにどこかへ飛び跳ねて行きました。ひとつの木の枝から別の枝へ。ではお猿さんにじっとしてもらいましょう。無理矢理にでも。お猿さんの首根っこを押さえます。いいかねお猿さん、君はもうどこにも行かず、ここでじっくりと吸う息と吐く息を見つめていなさい。わかったね。

お猿さんはどうなるでしょうか。じっと息を見つめるでしょうか。無理ですね。なんとか必死に逃れようとする。みなさんはさらに強い力で、お猿さんの首根っこを押さえつけなければいけない。お猿さん 対 みなさんの腕力。やがて、どちらもくたくたになります。

くたくたになったお猿さんは、もうどこにも行かずに、じっと呼吸を見るでしょうか。いいえ、今度は疲れてしまって、心はだるくなり、居眠りが始まります。いつまでたっても、呼吸を見るという、一見、簡単そうなことがまったくできません。

だめだこれは、と自分《エゴ》（という平面の「私」）が心底から音をあげる。敗北です。この敗北を、今までの「私」が認めることができるかどうか。しばらくは抵抗するでしょうが、やがてこの敗北を認めざるをえないことを認識し始めます。それどころか、どうも敗北したところに、何かがあることがわかってきます。敗北しながら、敗北しない何かが静かに喜んでいるという不思議なことが起こってきます。

そこまで歩んで初めて、どうやら「もうひとりの私」がいるらしいことがわかってきます。「私の二重構造」を認める段階が始まるのです。エゴにとっては、怖いけれど。悔しいけれど。この葛藤は、瞑想会の現場では毎回起こっていることです。

観音導利の寺名に込めた意味

道元禅師が、実は最初から「マインドフルネス＝非思量」という考えをお持ちだったということは、帰国後、最初に建てられたお寺の名前に表れています。

京都の深草にそのお寺は建てられました。当初は観音導利院と名付けられ、やがて観音導利興聖宝林寺となりました。再興された現在の興聖寺には、聖観音菩薩立像が祀られています。

なぜ、命名に観音様が入っているのか。観音すなわち観世音菩薩は観自在菩薩でもある。

アバローキテーシュバラ・ボディサットバを、鳩摩羅什は観世音菩薩と訳し、玄奘三蔵は観自在菩薩と訳しました。観ることが自在だという菩薩は、言わずと知れた般若心経の主人公です。

では、観ることが自在な菩薩とは、いったい誰なのでしょうか。
もし、ふだんのエゴの「私」、すなわちthinkingマインドの「私」が物事を見ようとしても、たちまち、とらわれと評価と好き嫌いのために、きわめて不自由にしか物事を見ることはできないでしょう。それではとても「観自在」とはいえません。「観自在」ができるのは、「私」の二重構造における「もうひとつの私」のほうです。

道元禅師は、マインドフルネスとは、究極的に、「私」の二重構造における「もうひとつの私」の視点を得た菩薩の視座であり、それが般若心経だとわかっていらした。

だから宋から帰国して最初に建立した寺の名に観音の名を入れた。

観音導利興聖宝林寺という名前からは、いろいろなことが豊かに想像されます。特に前半、観音導利という部分には、「観自在菩薩の視線としてのマインドフルネス。そのときそれは（修行する者たちを）大きな利益に導いていく」という意味が込められているように思います。

思量を手放した後に残る明晰な意識。そこにはもう、とらわれや評価、好き嫌いはまったくないから、すべてから自由になり、自在に観ることができる。それが観自在です。観自在を行ずる菩薩が観自在菩薩で、この方は般若心経の主人公なので、般若心経とは、観自在菩薩が観た世界の描写とも言えます。

無無明、亦無無明尽、乃至無老死、亦無老死尽

生老病死というこの世界の苦しみを生む原因（無明）もない世界。だから当然、生老病死そのものもない世界。それが、観自在菩薩には観えている。

観自在菩薩とは、「もうひとりの私」の観察であり、「もうひとりの私」とは、「生まれることもなく、死ぬこともない私」です。それゆえ、もはや観自在菩薩は生老病死を観ない。

ではもう一度、問います。観自在菩薩とはいったい誰でしょうか。二〇〇〇年前にインドにいらした方なのか。それとも、日本のお寺に安置されているお像のことなのか。

いいえ。どちらも違います。

観自在菩薩とは、あなたです。私です。

もちろん、とらわれてばかり、好き嫌いばかり、歪んだ認知しかもっていないthinking マインドのあなたでも私でもないのは当たり前です。観自在の反対のことしかできないのですから。

でも、私たちが「私の二重構造」を自覚し、「もうひとつの私」の彼岸にジャンプして川を渡り、そこから世界を観たとき、私たち自身が観自在菩薩となっているのです。川を渡ったところにいるのは肉体ではなく、ひとつの意識のあり方です。その意識には観る働きがある。肉体には、厳密に言って観る働きはありません。この目を通して意識が観るという段階が、本当の観る働きですから、それは肉体の働きではないのです。

般若心経では、この、川を渡って意識だけになった状態のことを観自在菩薩と言っています。マインドフルネスで私たちは脳内映画から脱出しますね。出ても、そこに観るという働きはある。

今まで私たちは一重構造の人間、平面を這い回る凡夫だった。ところが、私たちは実は「青空」「彼岸」の意識でもあるんだということに気づいた。そのことに気づいた人が観自在菩薩です。マインドフルネスすなわち正念するとは、観自在菩薩が主人公である般若心経を実践することなのです。

そこから考えても、道元禅師の、最初の寺の名に「観音」という言葉を入れられたことから「念を忘れるな」というご遺言までは、まっすぐにつながっている。

マインドフルネスと「非思量」「不忘念」が結びつき、さらにそれは「もうひとりの私」のところからの観察だとなったとき、その観察をしている者は、般若心経の主人公たる観自在菩薩であるというところまで、道元禅師は理解されていた。これで、すべてがつながったようです。

まとめるとこうなるでしょう。

日本にテーラワーダ仏教の国からマインドフルネスが到着した今、これまであいまいだった漢訳の「念」の意味が、パーリ語の「サティ」およびその英訳である「マインドフルネス」であるということが、誤解の余地の微塵もないほど明白になりました。そして禅から見ると最後の壁であった、マインドフルネスが主客に分かれたところでの気づき（＝思量）ではないかという疑念も、きれいさっぱり払拭されました。

マインドフルネス＝非思量＝観自在。

私たちは今、道元禅師のテクストも、般若心経も、この一貫した視点から読んでいけます。そのとき、世界の仏教の中での道元禅師のお姿が、新たにはっきりと見えてくるでしょう。

只管打坐の意味が、以前とは比較にならないほど、深くクリアになってきました。

第四章

禅とマインドフルネス

只管打坐とヴィパッサナー

近頃よく耳にするマインドフルネスとはいったい何。少し説明を聞いたけれど、禅宗の坐禅と似たものとしか聞こえない。それなのに、なぜわざわざカタカナでマインドフルネスなんて言うのだろう。

このような疑問を抱えてこの本を読み始めたみなさんに、本の冒頭ではっきりと申し上げました。マインドフルネスと禅はまったく別のものです、と。これまで説明してきたように、ふたつは歴史的にまったく違う文脈で発展してきました。実は、最終的にひとつに融合して新しいものになるべきだというのが私の結論ですが、それはいきなりふたつを無理にくっつけようという話ではありません。互いにきちんと違いを認識したうえで、ふたつを近づけたときに、どんな化学反応が起こり、新しいものが生まれていくかをゆっくり検証していきましょうという話です。

ですので、まずは焦らずに、マインドフルネスと禅の違いを見ていきましょう。現在、禅寺で教えられている坐禅と、マインドフルネスセミナーなどで指導されているものを比較してみます。

ただ、禅寺といっても、私はもともと曹洞宗の出身であり、修行時代の友人たちが、今では坐禅を指導する立場になってあちこちの道場で教えていますので、これから述べることは、どうしても曹洞宗の坐禅が中心になります。

臨済宗の坐禅はあまり詳しくないのですが、曹洞宗の坐禅と違うとはいえ、マインドフルネスと禅の違いに比べれば、臨済と曹洞という宗派の違いは、それほど大きなものではないのではないでしょうか。ふたつの宗派は、どちらも東アジアに伝わった大乗仏教の中にあり、中国禅の伝統から日本にもたらされていますので。

その点、マインドフルネスと禅は、それぞれまったく異なる仏教の系譜に属し、歴史上、両者は別々に受け継がれてきました。マインドフルネスは南伝仏教であるテーラワーダの、禅は北伝仏教である大乗仏教に属しています。これはあまりにも大きな違いで、これまで同じ土俵で比較分析されることすらなかったと思います。

禅は坐禅ですので座りますし、マインドフルネス瞑想（ヴィパッサナー瞑想という名称のほうが一般的ですが、マインドフルネスにフォーカスしたいので、この本では、こう呼ぶことにします）の場合も座ります。マインドフルネス瞑想の座る姿勢は坐禅の姿勢とそのまま同じです。ただ、曹洞宗の場合、坐禅の姿勢を「坐相」と呼び、それ自体にとてつもない価値があるとされています。その理由は後ほど明らかになりますが、マインドフルネスの場合はそこまでの強調はありません。瞑想しやすいから、その姿勢を選んでいるだけでしょう。

座る姿が同じなら、あとはどこが違っているのでしょうか。

それは、座っている人の内面です。座る者の内面に何が起こっているかという点で、両者は決定的に異なるのです。

禅の場合、曹洞宗を例に取れば、禅堂では只管打坐が強調されます。文字通り「ただ座る」という意味です。それ以上でも、それ以下でもない。座ること自体が大切。座ってから心を使って何かをする必要はないのです。ですから、禅は、座っている人の内面にあまり言及しません。

私が只管打坐を修行したのは、内山興正老師の伝統を深く受け継ぐ安泰寺という禅寺でした。老師は坐禅とは何かと訊かれて、「思いの手放し百千万発」と表現しました。坐禅をしている人の内面に、ひっきりなしに湧き起こってくるのが「思い＝thinkingマインド」の雲ですが、ひとたび座ったらば、百万回だろうと千万回だろうと、ひたすらそれを手放すことを続けるのだ、ということです。

つまり自分の心に起きているのは、脳内映画だと気づき、その中にのみ込まれるのではなく、映画制作につながる思いを「捨て続ける」のが、禅のオーソドックスなあり方といえます。

それに対してマインドフルネス瞑想では、思いを単に手放すだけではなく、思いをある対象に向かわせます。対象はなんでもいいのですが、代表的なのは呼吸です。この瞬間の自らの呼吸（吸う息、吐く息）に静かに集中して見つめます。

つまりマインドフルネス瞑想をしている人は、内面において、単に思いを手放すのではなく、集中する対象を持っているということです。

もし、完全に集中してずっと呼吸を見続けることができれば、そのことによって脳内映画は自動的に止んだ状態になります。別の言い方をすれば、知らないうちに思いの手放しに成功するのが、マインドフルネス瞑想といえるかもしれません。

ミャンマーのパオ森林僧院では、一呼吸ずつ、ある程度マインドフルに見られるようになったら、身体と心のさまざまな要素を対象として観察していきます。その観察のことをヴィパッサナーとも呼びます。

さまざまな対象を、いろいろな方法でマインドフルに観察していくことで、サティ＝マインドフルネス＝念をマスターしていく。それがテーラワーダ仏教の国で行われているマインドフルネス瞑想です。思いをただ手放すだけで、内面的に何らかの対象や方法をいっさい設定しない只管打坐とは、ある意味、真反対なことをしているわけです。

私自身はその両方をやりました。両方をやることで初めて見えてくることを、この本の中でみなさんとシェアしたく思います。片方のみをやって、自分がやっていないもうひとつの方法についてあれこれ想像するより、さっさと両方ともやってみるほうが、ときには見えてくるものがあるのではないでしょうか。私の場合は、確かに見えました。次のようなことが。

ふたつのうちどちらが正しいかがわかったのではありません。意外に思うかもしれませんが、思いの手放しだけの只管打坐と、さまざまな対象を観察しながらマインドフルネスを深める瞑想は、最終的には、ひとつになるべくしてなるのではないかという結論が見えてきたのです。それはいったいどういうことなのでしょうか。

もう少し、マインドフルネス瞑想を具体的に見ていきましょう。日本は禅の国なので、坐禅はだいたいみなさん想像がつくでしょうが、テーラワーダ仏教の国で行われているマインドフルネス瞑想は、日本人にはあまり馴染みがないと思いますので、少し詳しく紹介しますね。

日本の典型的な坐禅道場を二カ所（安泰寺と瑞應寺専門僧堂）経験し、アメリカの禅センター等を経験した私が、二〇〇一年にミャンマーに行き、パオ森林僧院でマインドフルネス瞑想の修行を始めたとき、両者の、あまりの環境の違いにとまどいました。

一言でいうと恵まれているのです。日本では、坐禅修行の場を成り立たせるだけで苦労していましたが、ミャンマーでは生活の心配がいっさいなく、住む場所、着るもの、食べるものが与えられるのです。私のような、外国から来た人間も生活の心配はまったくありませんでした。パオ森林僧院では、瞑想と勉強にのみ打ち込めたのです。

比丘たちには、僧院の中でクティと呼ばれる簡易住居が与えられます。クティにはトイレとシャワー、そして木のベッドが備わっており、蚊が入ってくるのを防ぐ網戸も付いています。そこで生活しながら、シーマホールと呼ばれる共同で瞑想する大きなホールに行って瞑想します。食事は、朝と昼にお寺の中で托鉢して、じゅうぶん過ぎるほどの量が供されます。

瞑想に関しては、パオ・セヤドーより、瞑想メソッドに沿って具体的な瞑想の課題を与えられ、各自、それに取り組むようになっていました。数日おきにセヤドーとの面談があり、瞑想の進み具合をチェックされて、OKならば次の課題に、まだならば引き続きその課題に取り組むようアドバイスされます。

日本の禅寺で修行した私にとって、テーラワーダの僧院で経験する、この環境とやり方は大きな驚きでした。禅の修行で課されるような厳しい団体生活のプレッシャーは、拍子抜けするほどまったくないのです。

禅寺では、一日の坐禅の場所もスケジュールも集団行動で、雲水たちは完全に規律に従って行動しています。坐禅以外の時間には多くの作務と呼ばれる肉体労働があります。安泰寺などは山の中の自給自足のお寺だったので、半端ではない仕事量がありました。田んぼで稲を作り、畑で野菜を作り、杉林の枝打ちをし、もちろん料理も作り、味噌や漬物もすべて自分たちで作る。台所は薪で炊事するので、薪の準備も大変です。

つまり日本の禅寺では自分たちの生活を成り立たせるのに膨大な時間とエネルギーが使われていたのに対して、ミャンマーの僧院ではそれらはすでに与えられるので、修行僧たちは純粋に瞑想と勉強に打ち込めるシステムになっていたということです。

なんと恵まれているのだろう。四〇代半ばでミャンマーに行った私は、この幸運を徹底的に生かすため、いっそう瞑想と仏教の勉強に集中していきました。

禅宗の方々の、マインドフルネスに対して躊躇する気持ちは、非常にシンプルな理由によります。すでにこの本の中で何回も検討を重ねました。坐禅ではすべての思いを手放していく。その観点から見ると、マインドフルネス瞑想というのは「余計なこと」をやっているように見えてしまうのです。余計なことを付け加えると、純粋な「只管打坐」ではなくなってしまう。まさに、ここが禅僧の方々の懸念するポイントです。

つまり、マインドフルネスは「思い」の一種に過ぎないのではないか。禅の側の懸念はこのようにシンプルにまとめられるでしょう。

マインドフルネスが「思い」の種類のひとつであれば、それは「思いの手放し」の対象になります。その疑念のあるまま、禅にマインドフルネスを取り入れると、それは、思いの手放しの坐禅ではなくなってしまうかもしれない。だから、マインドフルネスは間違いだとは言わないまでも、お互いに全然別なことをしているということで、平和的共存あるのみというところで留まろう。でも、それ——マインドフルネスは「思い」の一種——は本当でしょうか。もう少し検討してみましょう。

マインドフルネス瞑想のうち、一番簡単な、そして多くの方が実践しているアーナーパーナ・サティすなわち呼吸瞑想を例に取ります。文字通り、吸う息、吐く息に対してサティを保つ瞑想です。マインドフルネスの先生はこう教えます。呼吸にマインドフルでいなさいと。

これはいかにも「私」という主体が「呼吸」という客体を認識している、「主体」↓「客体」という、主客が分かれたところでの心の操作に見えます。禅から見ると、やはりマインドフルネスは「思い」でしかないのでは、道元禅師も「念想観の測量を止めて」とおっしゃっている、只管打坐とは言えないと考えるのも無理からぬところです。

ここで、只管打坐とマインドフルネス瞑想は、袂を分かつのでしょうか。まあ、結論は急がずに。判断は後からでもできますからね。

このアーナーパーナ・サティ。実際に苦労して修行をしている者であれば、もう少し複雑な認識をします。実際に瞑想をしてみないと、アーナーパーナ・サティは確かに「私」という主体が「呼吸」という客体を認識しているもののように思えます。

しかし、それはやったことがないゆえの誤解です。「私」が「呼吸」を見るという認識のままで瞑想の中に入っていったら、その人は必ず、たちまち苦しい状態に陥ります。そのような「私という主体」が、「呼吸という客体」をずっと観察していることは、とてもとてもむずかしいからです。最終的な結論としては、私が呼吸を見続けるということは、不可能だとわかってきます。これは、むずかしいけれど、長い間一生懸命に取り組めばどうにかなるような種類の問題ではない。何か原理的に不可能なことをやっているのではないか、ということが、修行する人の内面の挫折と絶望の果てに見えてくるのです。

これは、アーナーパーナ・サティの瞑想インストラクションの案内テクストだけを読んだだけでは、決してわからないことです。

アーナーパーナ・サティが、「私という主体」による「呼吸という客体」の観察ではないのだとすると、ではそれはいったい何をしていることなのでしょうか。

私自身、それがわからなかったのです。本当に、長い間。瞑想の実践としては、たっぷりと長年禅僧として只管打坐をやってきて、坐禅の基礎はできていたので、ミャンマーでもそれほど苦労せずに瞑想を進めることはできていました。ですが、心のどこかで、今、私がミャンマーでやっていることは只管打坐に反するのではないかという思いは消せませんでした。なにしろ、一八年間も只管打坐の伝統の中にいた人間だったので。でも同時に、只管打坐をしているときにはまったく知らなかったことを、毎日経験しているという、圧倒的に説得力のある新しい現実もありました。

涅槃を観る者

何が正しくて、何が正しくないのか。焦って決める必要もない。そう思いながら、瞑想を進めていきました。サティ＝マインドフルネス＝念が、思いの一種なのかどうかはひとまず置いて、まずはそれを実践しようと思いました。マインドフルネスは、お釈迦様によって直接伝えられたことだという認識は、テーラワーダ仏教の国ではあえて口にする必要もないくらい全員にしっかりと共有されていることでしたので、それを簡単に否定することもできませんでした。でも、只管打坐が……。

この問題の解決は、瞑想メソッドの最終段階にきて、突然見えてきました。実をいうと、ミャンマーにいる頃はまだしっかり整理することができず、日本に帰国後、十数年かけて見えてきたことだったのですが。

まず、ミャンマーでの経験からお話ししましょう。

パオ・セヤドーによって指導されながら、ひとつひとつ階梯を上がったマインドフルネス瞑想の、最後のステップはこういう課題でした。

「午前三時に夢もいっさい見ずに寝ている状態の私を認識しなさい」

いきなりこう言われても何のことかわからないでしょうから、順番に説明しましょう。

まずマインドフルネス瞑想はいったい何をやっているのかについて、もっと詳しく解説します。

この世を構成するものを、大きくふたつに分ければ、ひとつは精神的なもの（パーリ語でナーマといいます）と、もうひとつは物質的なもの（パーリ語でルーパといいます）とでできています。

ふたつの構成要素をさらに分ければ、世界はもっとたくさんの細かい要素から成り立っている。その多くの要素をひとつひとつ勉強し、きちんと認識して、それらが生じて滅してゆくのを観察するのが、テーラワーダ仏教の国で行っているマインドフルネス瞑想のあらましです。私がいた森林僧院では、たっぷりと時間をかけてその瞑想を実に丁寧にやっていきます。

でも、その目的は何でしょう。

瞑想することで、この世のナーマやルーパが生じて滅している状態がついに終わるところまで達することが目的です。なぜそのようなことをするのでしょうか。

ナーマとルーパでできているこの世界は苦しみの世界ですから、この苦しみがゼロになった地点を目指しているのです。そのゼロになった地点を、パーリ語でニッバーナといい、サンスクリット語でニルバーナ、漢訳だと涅槃《ねはん》といいます。

つまり、この苦しみに満ちた世界から、苦しみのない世界を目指してマインドフルネス瞑想をしていくわけです。

この説明を聞くと、禅僧の方々は、我々とやっていることが違うな、と感じることでしょう。禅の場合は「生死即涅槃」と説かれます。道元禅師も『正法眼蔵生死の巻』でおっしゃっているではないか、この生死の世界の外に涅槃を求めるのではないと。

はい、とてもよくわかるのですが、ちょっとだけお待ちくださいね。

マインドフルネス瞑想の果てに、ついに自分を構成していたナーマとルーパの生滅が止まる。ゼロになる。

その状態を、「夢を見ないでぐっすり眠っている」状態にたとえているわけです。そのとき、意識はありますか。普通に考えれば、当然ありませんね。ですから、午前三時に夢もいっさい見ずに寝ている状態の私を認識することはできません、普通は。たとえばその人が、午前〇時に就寝し、午前六時に起床したとしましょう。その人に明確に意識があるのは、午前〇時にベッドに入るときと、朝の光とともに午前六時に目覚めたときです。さあ、これから寝るぞと思い、ああ、よく寝たと目が覚める。これなら常識でもわかります。

ところが、不思議なことが起きます。正確にいうと、不思議なことを要求されます。午前〇時でも、午前六時でもなく、午前三時に夢も見ないで寝ている状態を認識しろと言われるのです。マインドフルネス瞑想の最後の課題として、今までずっと指導してくださった先生に。

つまり、ナーマとルーパの生滅が終わった状態を認識しろということです。これは、課題として矛盾しているのはおわかりでしょうか。私たちの意識はすべて「ナーマ」の中に含まれています。ですからすでにナーマの生滅が止まっている以上、私たちの意識はなく、意識が止まったと認識する能力もない。それなのに、止まった状態を認識しろということですから。

これはいったいどういうことか。

私は、ミャンマーでマインドフルネス瞑想の段階を上へ上へと追い続け、やっと最後にたどり着いた地点で絶対的な矛盾にぶつかってしまいました。でも同時に、ここに鍵がある。今まで一見、矛盾するように見えたものを、根本的に解決する鍵がここに隠れているだろうということだけは、なんとなくわかりました。

そのときは、これは今、私は何かとんでもないものを問題にしているんではないかと感じて、周りの比丘たちにも話して回りました。すると、西洋人の比丘たちは「あ、確かにそうだな」と同意してはくれましたが、それ以上、話は進みませんでした。日本人の僧侶には「なんだか背中がぞくぞくする」と言われました。

ぞくぞくというのは、とてもよくわかるのです。この問題を追究したら、何かえらいものが出現してしまう。こういう、あえて藪をつつくような思考方法は、普通、純朴なミャンマーの村からやってきた人々はしません。しかし、グローバル時代を生きている私たち外国人の比丘は、物事を根本的なところから考えたり、遠慮なしにすべてを分析することに、良くも悪くも慣れています。テーラワーダ仏教以外の、世界のいろんな伝統や他分野の視点も持ち合わせているので。

それに何より、私はもともと大乗仏教の僧侶であったということが、最後になって効いてきたのです。

大乗仏教では、「私」にはふたつあるということが理論的な大前提になっています。常に「俗世の仮の自分」と「本来の自己」のふたつがあると言われる。禅でも密教でも同じ世界観です。普通、自分だと思っているものの他に、「本来の」とか、「本当の」とか形容詞がついた「自己」なるものがある。その自己を追究するのが、そもそも禅の修行なのだと、禅の経典はそういう言葉であふれています。

したがって禅では「本来の自己」という言葉を基に修行しますが、ではそれは何だろうかと、その概念を追究しても曖昧な部分が残ります。が、曲がりなりにも「私」が二本立てであることが、大乗仏教の前提であることにどなたも異論はないでしょう。

それに対してテーラワーダ仏教の中には――私はミャンマーで四年過ごし、その間、長老達とも、仲間の比丘たちとも、そして一般の人たちとも膨大な会話をしましたが――「私」がふたつあるという発想はいっさいありませんでした。

何かが「ない」場合、それがないことに気づくのはむずかしいものです。気づくのは、それが「ある」国や文化圏から「ない」ところに来たとき。ああ、ここには、自分の親しんでいたあれが「ない」のだと、初めて人は理解します。

そうです。やっと私は、テーラワーダ仏教には「本来の自己」という考えがないことに気づきました。これは両者の大きな違いです。

テーラワーダでは「私」はいつも一重構造なのです。それも、一重構造だとわざわざ自覚することすらなく、ただ、一重構造です。

でも、「私」が一重のままでは、パオ・セヤドーから出された課題すなわち「午前三時に夢もいっさい見ずに寝ている状態の私を認識しなさい」は、根本的な矛盾に陥ります。「私」の意識がもうひとつなければ、つまり「私」というものがそもそも二重構造でなければ、最後の課題をクリアできるはずがない。

実は、他のマインドフルネス瞑想の先生たち全員が、パオ・セヤドーと同じ課題を要求するわけではありません。午前三時にどうすべきか。ただ、夢も見ないでぐっすり寝ていればいい。そして午前六時になって、ああ、昨夜は、夢も見ないでぐっすり寝たなと、ただ思い出すだけ。涅槃すなわちニッバーナをそのように解釈すれば、特に矛盾は生じません。「私」は一重構造のまま、ニッバーナの残像をひとりしかいない「私」が思い出して認識するという課題のクリアの仕方で大丈夫です。

ニッバーナの状態に入ったときは、それを直接認識できず、後から、ああ、自分はニッバーナの状態に入っていたなと思い出す。その後は、その残り香のようなものを、日常生活に染みこませていけばいいだけだと。多くのミャンマーの先生たちは、そのように教えています。

ところが、パオ・セヤドーは違ったのです。私は、その方にテーラワーダ仏教の瞑想のすべてを教わりました。ニッバーナを、後からではなく、そのときに直接認識できるとなったとたん、すべてが矛盾だらけになるのです。まあ、そうなのですが、そここそ次への出口がある。

もし私が、テーラワーダ仏教の他の瞑想の先生に教わっていたら、何も矛盾を感じず、そのままテーラワーダ仏教の中に留まっていたでしょう。禅との縁は完全に切って。そして今でもテーラワーダ仏教の比丘として、テーラワーダのマインドフルネス瞑想を日本で教えていたでしょう。でもパオ・セヤドーに教わったというご縁のもと、事態は思いもかけない方向へ急な展開を遂げていきます。

ミャンマーにいる間、最後になって自分がとんでもない問題を抱え込んだとは感じつつ、でもそれをきちんと整理することもできないまま、私は二〇〇六年に日本に戻ってきました。自らの中でちゃぶ台はひっくり返ったままで。しばらく私は、禅もマインドフルネスも、どちらも自信を持って伝えられない状態になりました。いったい私は何をどう教えていけばいいのか。

私がミャンマーでの瞑想を終えて帰国したと聞きつけた人たちから、本場の瞑想を教えて欲しいと頼まれましたので、多少、瞑想会を開いたとはいえ、本当に自信を持って教えられませんでした。一応、瞑想を教える資格は持っていたのですが。

およそ一年ぐらい、くすぶった状態が続きました。しかしその間、新鮮な出会いが次々とありました。チベット仏教のダライ・ラマ14世の来日講演に参加して、宮島で行われた会では直接質問するという幸運を得たのです。また、パオ森林僧院時代に一緒だった韓国のお坊さんが招待してくれて、数週間、韓国を旅しました。そのとき、韓国のお寺にかかっている華厳経の文言が、なんとも心に染みました。まさに、華厳経という大乗経典の雄が、私が今、悩んでいる問題そのものを扱っているとわかったからです。

どの文言だったたか、正確には覚えていないのですが、たとえば華厳経の十地品にある次のような言葉だった可能性があります。ちなみに、朝鮮半島の仏教は、華厳経を非常に重視しています。道元禅師も同じ問題意識ですから、『正法眼蔵三界唯心』で、まさに、この華厳経の文言を引用されています。

釈迦大師道　三界唯一心、心外無別法　心・仏及衆生　是三無差別

釈迦大師道《いわ》く　三界《さんがい》は唯《ただ》一心《いっしん》のみ　心の外《ほか》に別の法なし

心、仏、及び衆生《しゅじょう》は、是の三は差別《しゃべつ》なし。

ここでいうところの心は、もちろんthinkingマインドであるはずもなく、まさに本書が追究してきた青空の意識そのものです。韓国の寂さびした古いお寺の建物に、こ

れらの文言が刻まれた扁額がかかっていて、それを読むだけで、なんとも懐かしい思いが湧き起こりました。そう、それは再びの、大乗仏教の世界への復帰でした。

朝鮮半島から帰国したのが、二〇〇七年の春。そして五月にはさらなる奇跡の出会いが待っていました。チベットのリンポチェ（チベット仏教で、ある高僧の生まれ変わりと認定され、特別な教育を受けた先生のこと）の中で最も名高い、ゾンサル・ジャムヤン・ケンツェ・リンポチェとの出会いです。リンポチェが日本にいらして、日本の禅を学びたい、ついてはリンポチェに個人授業をしてくれる人はいないかという信じられないようなオファーがあったのです。喜んでお受けしました。リンポチェと一緒に高野山に滞在し、二週間、毎日一対一のディスカッションを行いました。まず、英訳の禅のテクストをお渡しし、それを読んでいただき、その内容について話し合う。テクストは、内山興正老師の『生命の実物』の英訳である「Opening the Hand of Thought（思いの手放し）」や、道元禅師のテクストでした。

なんという幸運だったのでしょうか。最近は、リンポチェは大勢の人に囲まれて、なかなか近づくことさえできない状態なので、余計にそう思います。その二週間の濃密きわまる個人的なディスカッションの中で、今私が行き詰まっている点も、当然、ディスカッションの俎上に載りました。ようやく答えが見つかってきたのです。

正確にいうと、実は答えは私の中にすでにあったのですが、それがどこまで仏教の中で正当なものだろうというところに自信が持てず、それを基に活動してよいものやらというのが、私の不安の原因でした。

ところが、韓国で出合った華厳経の文言と、ゾンサル・ジャムヤン・ケンツェ・リンポチェとのディスカッションの中で見えてきたのは、それは大乗仏教の核心中の核心だということでした。

そう、「私」は二重構造をしている。

生まれて、年を取って、病気になって、死んでいく「私」。

生まれることも、死ぬこともない「私」。

大乗仏教、そしてたぶん密教も（密教は本格的に勉強したことがないので、一応、判断を保留しますが）、この「生まれることも、死ぬこともない私」を核に置いている。そのことは、曹洞宗の修行時代にも概念としては知っていました。道元禅師のテクストには始終出てきますので。でも、若いときはそれを確信できなかった。

午前三時に夢もいっさい見ずに寝ている状態の私を認識できるのはなぜ。ニッバーナに入った状態を、そのときに認識できるのはなぜ。「私」が一重構造のままでは、それは絶対矛盾を引き起こしました。

誰が認識しているのでしょう。ナーマとルーパの生滅が終わった状態を。『普勧坐禅儀』的にいえば、心意識の運転が停まった状態を。

認識するのは普通の thinking マインドではありません。thinking マインドはすでに止まっているから、それがニッバーナを認識するのは不可能です。

答えは、もうわかりますね。もちろんそれは、ふたつめの「生まれることも、死ぬこともない私」です。

その「私」は、ニッバーナの状態のときに急に現れたのか。違いますね。最初からそこに存在していた。私たちが気づかなかっただけです。私たちは、thinking マインドを自分だと思っていたから。

今、見えてくる新しい「私」。二重構造としての、もうひとつの「私」が、最後の課題の答えだったのです。

ひとつめの「私」は、thinking マインドと、この肉体。それは生まれて、年を取って、病気になって、そしてある日、死んでいく「私」です。

もうひとつの「私」は、thinking マインドと、この肉体を観ている「私」。パーリ語の仏教用語を使えば、ナーマとルーパが生じては滅しているのを、マインドフルに観察した果てに、その生滅が止まった状態を観察している「生まれることも、死ぬこともない私」です。

それがニッバーナの状態にいる「私」を観ている。もうひとつの「私」は、すぐさま、また「主体」→「客体」の構図に入りそうでいながら、入らないのです。なぜなら「主体」→「客体」の構図とは、thinking マインドの領域にしか存在しないものだから。

この「私の二重構造」は、何も新しいものではありません。大乗仏教そのものが、その構造のうえに立っているからです。当然、大乗仏教の実践版である禅も、すべてこの「私の二重構造」のうえで修行が成り立っています。前章の『普勧坐禅儀』の中で、それを確かめましたね。

では、これまでの大乗仏教の大前提を超えて、何が新しいのでしょうか。

それは、「私の二重構造」を、私たちが実際に経験できることです。二重構造は実感できる、認識できるということ。

何によってでしょうか。はい、答えはもちろん、マインドフルネスによって、です。

「生まれることも、死ぬこともない私」の認識作用がマインドフルネスだったのです。

逆に言うと、マインドフルであることで、私たちは主体を転換できる。thinking マインドから「生まれることも、死ぬこともない私」へ。これが、マインドフルネスの秘密です。

ここまで来て、私たちは、お釈迦様と道元禅師という、最も重要なおふたりの遺言を思い出します。

不忘念。念を忘れるな。マインドフルネスを忘れるな。いつもマインドフルでいなさい。でしたね。

そのご遺言を、この章で検討してきたことをふまえて言い換えると、こういうふうになります。

いつも「生まれることも、死ぬこともない私」でいなさい。

これからがんばって、がんばって、そういう私になるのですか。違いますね。もともと「私」はそういう私だった。でもすっかりそれを忘れていた。だから、思い出すことが必要です。どうやって。マインドフルネスによって。

マインドフルネスをめぐる私たちの旅は、ついに終わりを迎えたようです。旅の終着点が、お釈迦様と道元禅師のご遺言だったというのは、当たり前といえば当たり前ですが、あとは、それをいかにしっかり守っていくか。

不忘念。いつもマインドフルに生きましょう。

さあ、残りは、マインドフルネスをめぐる混乱を一気に整理するだけです。

ふたつの地図を合わせる

「はじめに」でお話しした、テーラワーダ仏教の持っていた地図。そして大乗仏教の持っていた地図。この二枚の地図を重ねてみましょう。地図といっても漠然としたものではなく、それは、合わせればマインドフルネスをめぐるお釈迦様直々の教え全体がわかる、大きな大きな見取り図です。

テーラワーダが伝えた地図の中には、何が描いてあったか。現在、テーラワーダの長老方が教える瞑想には、マインドフルネスの対象についての非常に詳しい分析があります。どうマインドフルでいるかの具体的な方法もあります。たとえば、簡単な言葉を使うラベリングのやり方など。

現在のマインドフルネス瞑想の指導者も、その拠って立つところは『清浄道論』というテーラワーダ仏教の根本経典ですから、そこにも前述のようなことが、さらに詳しく書いてあります。それを、それぞれの長老が、現代の人向けにアレンジされているのです。ある長老は非常に現代風に、またある長老は原典重視のやり方で。そして、そのマインドフルネスを深めて何を目指すかというと、ナーマという精神的要素、ルーパという物質的要素が生じて滅するのが終わった境地に入っていくこと。そこに苦しみからの最終的な解放がある。

つまり、マインドフルな観察の対象とそのやり方については、テーラワーダの地図に詳細な記述がありましたが、観察する主体についての記述はありませんでした。長老方からも聞くことはありませんでした。瞑想センターで話し合われることもありませんでした。

でも、不思議なことに、ナーマとルーパの生滅が終わった場所を観察するように、と一部の長老（パオ・セヤドー）は言われます。すると観察する主体の問題が出てきてしまい、それを突き詰めていくと、実は、マインドフルに観察するのは「生まれることも、死ぬこともない」もうひとつの「私」であることが明らかになりました。

それに対して、大乗仏教の地図には何が描いてあったでしょうか。「私」が二重構造になっていることは描いてあります。thinking マインドの私を、仮の自分、偽の私など、さまざまな言葉で表現し、それとは違うもうひとつの私を指す言葉も、「本来の自己」などなど、実に豊富です。

では、大乗仏教には、マインドフルネスはどう書いてあるのでしょう。あるいは、現代の大乗仏教僧、特に禅僧は、マインドフルネスをどう理解するのか。すでに私たちは検討を終えましたね。マインドフルネスの漢訳は念。念で表されるものは、主体が客体を認識することだから、それは『普勧坐禅儀』でいう「念想観」にあたり、手放すべきものである。そう理解していた。つまりマインドフルネス＝念は、修行の中には積極的に入ってこなかった。

まとめます。

テーラワーダ仏教の地図には、マインドフルネスの対象とそれを観察する具体的な方法論の詳細な記述はあっても、マインドフルネスの主体が「もうひとつの私」であることは不明だった。

大乗仏教の地図には、マインドフルネスの具体的な方法はあまり描かれていなかった。それは、マインドフルネス自体が、重要なものとは見なされなかったから。しかし、「私」が二重構造だということは、基本的な世界観として受け容れ、「もうひとつの私」を表現する言葉は豊富にあった。

さあ、二枚の地図を合わせてみると、どうなるでしょう。

テーラワーダ仏教のマインドフルネス瞑想を行っていた人は、瞑想する主体の問題がはっきりしなかったので行き詰まっていたところを、初めて「私」が二重構造であること、そして、もうひとつの「私」である「生まれることも、死ぬこともない私」の認識作用がマインドフルネスだ、と知ることで、瞑想の意味を理解し、一気に深いところへ入っていけるようになる。

大乗仏教の中にいる人は、もうひとつの「私」を表現する豊かな語彙はあっても、それをどう具体的に体験するのかがわからなかった。ところが、実はマインドフルであれば、そのとき自動的に私たちの主体が「生老病死する私」から、「生まれることも、死ぬこともない私」にスイッチすることを知り、その、スイッチしたことも、「もうひとつの私」も明確に認識できる方法を得ることになる。

なぜならマインドフルネスとは「本来の自己」の認識作用だから。単に信じるとか、なんとなく感じるというような、曖昧なものではなかったのです。

私は、これまでの著書で、この二重構造の二層目の「生まれることも、死ぬこともない私」を、さまざまな言葉で表現してきました。「青空としての私」、あるいは、内山興正老師が『進みと安らい』（サンガから復刊、二〇一八年）の中で表現されたイラストの順番から「第五図の私」とも呼んできました。また、そのような認識作用をもって「もうひとつの私」を本当に実感できる真のマインドフルネスを、「光の中のマインドフルネス」とも呼びました。

マインドフルネスとは、「生老病死する私」ではない、「生まれることも、死ぬこともない」青空としての「私」の認識作用です。私たちはマインドフルになったとき、自動的に主体を転換している。それが、マインドフルネス瞑想の意味です。そしてまたそれは、お釈迦様と道元禅師のダブル遺言である「不忘念」の核心です。

ふたつの地図を正しくつなぎ合わせた大きな地図は、これまでのテーラワーダでもない、禅でもない、ふたつがやっと出合い、出合った当初のお互いの誤解を乗り越えたうえでようやく見えてきた、テーラワーダ仏教と禅仏教がひとつに融合した、新しい仏教です。誰も見たことがなかった、お釈迦様の教えの全体が初めてクリアに見えてきた、仏教史の大乗仏教運動以来、二〇〇〇年ぶりにアップデートされた仏教です。

ただそれはまだ、現在の日本ではコンセンサスを得ていません。禅宗の方々の中には、『普勧坐禅儀』の中で否定的に書かれた「念想観」という言葉の影響で、「念＝サティ＝マインドフルネス」が真に意味していることを、すぐには受け入れられないという人もいるだろうと思います。

なにしろ、本来、仏教にとってとても重要な教えである念のことを、念という漢字にも影響されて、坐禅の中で捨てなければいけない「思い」「雑念」の一種と取り違え、その結果、「不忘念」を素直に受け取れず、これはたぶん、「不妄念」の間違った書き写しではないかと疑うほどまで、私たち（そこにはもちろん私、山下も含みます！）の中にある思い込みとの戦いなので。でも、その思い込みはもう、あっさりと捨てたほうがよいようです。

これからの禅の修行とは、「生まれることも、死ぬこともない、青空としての私」が坐禅をして、座っていないときも引き続き、「もうひとつの私」が静かに目覚めて気づきながら、掃除をしたり、食事をしたりなどの日常生活を送るものになるのではないでしょうか。禅が最も得意とする、日常生活の中の、真の修行が始まります。

今の禅において受け継がれている、伝統的な修行の形や環境は、何も変える必要はないと思います。道元禅師は、修行する者たちが自ら「もうひとつの私」を実感し、それを生活の中でもひとときも忘れないためのすばらしい総合システムをお残しくださっていますので。

「マインドフルネス×禅」の必要性

もうひとつ、別の角度から、どうして禅の中にマインドフルネスを導入したほうがいいのかを、今少し説明しましょう。

私がそもそもマインドフルネスに本格的に向かい合うきっかけになったのは、前にも述べましたが、一九九五年の地下鉄サリン事件でした。あのとき、日本の宗教界はいったん焼け野原になりました。少なくとも私は、なったと思いました。宗教に関わっているすべての人間の胸元に、あまりにもつらい問いが突きつけられたのです。

その問いとは、「このテロリズムは宗教そのものの中から生まれてきたのか」というものです。

もしそうなら、同じ宗教者としてこの悲惨極まりない事態に対してどう対処すべきか。悩みに悩みました。あれから二十余年経った今は、はっきりと、あの事件は宗教から生まれたものではないと言いきれます。宗教的テロリズムなどというものは、そもそも存在しない。なぜなら、テロリズムは真の宗教の中からは出てこないからです。宗教を悪用したテロリズムは、世界中で起こっているけれど。

このことを、今となってはそのように認識できるのですが、当時の私は、文字通り五里霧中にありました。あまりに濃い霧が立ちこめ、この先どう進んでいいのかわかりませんでした。しかしとりあえず、今までの延長で、何もなかったかのように振舞うことだけはやめようとしました。

ちょうどその頃は、それまでの活動（京都曹洞禅センター）に、いろいろな事情で終止符が打たれ、これからどうするか迷っていた、いわば浪人時代でした。ここは焦らず、じっくりと決めよう。そう思っていたときに、目の前に現れたのがティク・ナット・ハン師で、師を囲んだ京都での、日本の若い仏教僧との会合の中から、ポストオウムの時代を照らすものはマインドフルネスしかないなと、確信したのでした。ただそのときは、マインドフルネスとはいったい何か、わかりませんでしたが。

マインドフルネスによって、宗教というものに内在していたある種の危うい部分を完全に払拭できると考えたのです。オウムがその「危うい部分」を突いてきたのは明らかで、この部分を克服するのが、宗教者にとって、喫緊の課題でした。もう二度と地下鉄サリン事件のような事件を起こさせないために。

それにはおそらくマインドフルネスしかない。でも、そのマインドフルネスがわからない。これが、一九九〇年代後半の、偽らざる私の心情でした。希望と焦りが混在していました。この方向に希望はある。でもうまく進めない。

宗教というものに内在していた、ある種の危うい部分とはいったい何でしょうか。

それは、「グルへの絶対的帰依」です。帰依は、善き環境の中でなら、とても大事なものです。迷いに迷っている弟子が、いくら自分の考えを進めても、自分の限界を超えることはできない。そのとき、真理を知っているグルの前にすべてを投げ出し、自分の小さな考えを手放し、エゴを捨てて、グルから直接指し示してもらった真理の中にダイレクトにジャンプする。

この美しい奇跡は、宗教の歴史の中では頻繁に起こったことでしたので、グルへの絶対的帰依は、最も大切なものとされてきました。ただしそのとき、絶対的な条件があります。そのグルが真理を知っているという条件です。もしここに、真理を知らない、邪心を持った人がグルを自称し、グルのポジションについたらどうなるでしょうか。

そのグルが常軌を逸したことを弟子に命令する。満員の地下鉄の中でサリンを散布しろと。弟子は当然考えます。それはとんでもないことだ。多くの生命を奪う、最悪の犯罪だと。でも、そう考えるのは自分の小さな分別にすぎない。この分別を捨てさせるために、グルはこの不条理極まりないことを自分に命じているのだな。よし、わかった。ここは常識的な分別を捨てて、グルの言われた通りにやってみよう。グルは、これは殺人ではなく、本当は人類の救済計画だと言われている。人々がこれ以上、悪いカルマを積まないようにするためなのだな。よーし、ではそれを実践しよう。

その後の裁判記録の中で、彼らが本気で右のように考えた、もしくは考えようとしたことが明らかになりましたね。

自分の分別を捨てて、一見、不条理に思えることを思い切ってやる。

うーん、多くの宗教者は、深く身を切られる思いがするでしょう。その「不条理なこと」は、満員の地下鉄でサリンをまくことなどでは断じてないにしても、この絶対帰依の論理は、あまりにも身近にありましたから。自分はたまたま命じられなかっただけで、もし命じられていたら、いったいどうなっていただろう……まったく他人事ではないと、たぶん多くの宗教者が感じたはずです。正直なところ。

我々は、牧歌的な時代なら確かに有効だった「グルへの絶対的帰依」という真理への到達方法を、絶対帰依による最悪の事件が起こった後でも、保持しなければいけないのか、保持していていいのか。これがポストオウム時代に、宗教者の誰もが思ったことだと思います。

こんな危険な方法ではないやり方で、真理へは向かえないのか。

実は、道元禅師が、答えを残されています。これまで何度も取り上げた『正法眼蔵八大人覚』の八番目の「不戯論」です。

八には、不戯論。証の、分別を離るるを、不戯論と名づく。究尽せる実相は、乃ち不戯論なり。

証とは悟りのこと。それは分別から離れているのだ。だから、君の小さな頭で考えた「分別」を捨てて、グルである私のことを、信じなさい。こう目の前のグルは、迫ってきますが、ちょっと待ってください。道元禅師の言われたことは、分別をするなということですが、その分別は、とにかく捨てればいいわけで、捨て方には、もっと安全な方法があるのではないか。

それがマインドフルネスです。これまで見てきたように、「生まれて、年を取って、病気になって、死んでいく」一重構造の「私」は、いうまでもなく「分別する私」です。しかし私たちがマインドフルであるとき、私たちは自動的にその分別を離れて、「生まれることも、死ぬこともない私」に主体を交替している。

つまり、マインドフルネスが分別を離れた証（悟り）であり、それこそが究尽せる実相、すなわち徹底的に究め尽くした果てに見えてきた、世界の本当の姿なのだということです。マインドフルネスが不戯論なのです。

グルへの帰依ではなく、マインドフルネスによって弟子自ら真理へジャンプできることにより、宗教的テロリズムが生まれる可能性は、文字通りゼロになったといえます。もう二度と地下鉄サリン事件は起きません。起きたとしても、それは単なるテロリズムであって、グルへの絶対的帰依を利用した、宗教のテロリズムではない。

私がマインドフルネスに本格的に関心を持ったきっかけは、地下鉄サリン事件とその後お会いしたティク・ナット・ハン師だったのですが、その後、ミャンマーに行き、マインドフルネス瞑想をぎりぎりまで追い求めたとき、ようやくすべてが見えてきて、宗教がテロリズムを生んでしまうのではという不安からも、私はやっと完全に解放されたのでした。

では、今の私たちにはどういう風景が見えているでしょうか。

thinking マインドの「私」と、もうひとつの「私」。日本の大乗仏教はすべてこの構造から成り立っています。ただ、thinking マインドの「私」はわかっても、もうひとつの「私」のほうが、今ひとつぴんとこなかった。でも今、マインドフルネスを通して、直接的に認識できるようになったのです。今までは、ただ信じるしかなかったものを。

これまでの話の流れの中で、私は読者のみなさんとともに、マインドフルネスと禅との間にあった大きな誤解を、丁寧に取り除いてきました。これは、私自身がその両方に深くコミットして学んだ経験があるから両者を取り持つのだ、というようなレベルのことではありません。そこには、今まで見たこともないような景色が見えてきているのだというお話です。これは禅宗の人も見たことがない。テーラワーダの人も見たことがない。両サイドが見たことのない新しい風景が、このふたつを正対することで見えてきたのです。

ですからこの本は、禅を否定しているわけでも、マインドフルネスを否定しているわけでもないことは、ここまでの流れを追ってきた人にはよくわかっていただけるでしょう。

私たち日本人が見ていたこれまでの仏教は、前述したように、いうなれば、連続ドラマの第二話でした。第一話を見ないままで、いきなり第二話を見ることになった、そのなんとも言えないぎくしゃく感、唐突感。なぜなら、第一話の終わりにきわめて大事な展開があり、その新しい展開のもとに第二話が始まったのに、第一話を知らずに、第二話を理解するのはそうとうに無理があったからです。

でも今、私たちは、第一話の終わりに何が起こったかを知っています。私たちがマインドフルであるときとは、ふだんよく知っている私たちの thinking マインドが、主客分かれた世界で何かに気づいているときではありません。そうではなく、まったく新しい主体が、マインドフルネスの主体であることが発見された。仏教史上、そのような大事件が起こりました。

『「私」とは誰か』が、根本的に変わったのです。究極のちゃぶ台返しです。ちゃぶ台の上にキレイに並べられていたそれまでの仏教は、すべて散乱しました。もうドラマとしては収拾がつかなくなったので、一旦打ち切りました。そしてその新しい事態を受け止めて、それを前提として、第二話すなわち大乗仏教が制作されました。

ですから、第一話と第二話では前提条件が違います。第一話では、主要人物はひとり。thinking マインドの「私」。第二話では主要人物はふたり。今までの thinking マインドの「私」に加えて、もうひとつの「私」が第二話の最初から登場している。

thinking マインドの「私」が、「生老病死する私」であるのに対して、もうひとつの「私」は、「生まれてもいない、だから、死ぬこともない私」でした。そのふたつの「私」をどう生きるのかが、第二話のドラマの肝だったのです。

唐突に始まった第二話ではなく、第一話を完全に理解したうえでの第二話を生きる。もう新しい時代は始まっています。

第五章

慈悲とマインドフルネス

慈悲を祈る衝撃

私がまだ禅僧だったとき、日本でテーラワーダ仏教を教えていらっしゃる、ある長老の瞑想会に参加したことがあります。ミャンマーへ行く数年前なので、一九九〇年代の終わり頃です。

そのとき一番衝撃を受けたのは、実は、マインドフルネスそのものより、「慈悲の瞑想」だったのです。そのとき教わったマインドフルネス瞑想はだいたい予想していた範囲でした。後に、テーラワーダ仏教の伝えてきたマインドフルネス瞑想と、禅宗が伝えてきた坐禅の間の微妙な違いは、まさに本を一冊書かなければいけないほど、大問題になっていったのですが、その時点ではまだ気づきませんでした。それよりも慈悲の瞑想が衝撃的でした。

テーラワーダ仏教の慈悲の瞑想は、教える先生によってさまざまなバリエーションがありますが、根拠としているのは『慈経』という、テーラワーダ仏教の世界で最も知られていて最も読まれるお経と、『清浄道論』の中の慈悲の瞑想のインストラクションです。本質はほぼ同じと言っていいでしょう。

その慈悲の瞑想の最初は、こうなります。

「私が幸せでありますように。私が苦しみから解放されますように」

この言葉が、大乗仏教僧にとって、どれほど驚天動地の言葉だったか。なぜなら我々は「自未得度先度他」を徹底的にたたき込まれていたので。自分が川を渡る前に、他の人を渡らせる。自分のことはいつも後に回して、他の人の幸せを優先する。それが大乗の菩薩の生き方だと教えられました。それを日常の中で実践しなければいけない。みんなのために、畑で野菜を作り、それを調理して、みんなに食べてもらって、修行がうまくいくように全力を尽くす。

それが今、聞いている慈悲の瞑想のインストラクションは、最初に自分の幸せを願う。自分の苦しみからの解放を願う。うん、やはり噂に聞いていた、自分の幸せばかりを追い求める小乗仏教だな……と、大乗仏教僧としては、普通なら思うところなのかもしれませんが、私は、とてもそんなありきたりの批判に便乗する気にはなれませんでした。

何か「盲点」を突かれたような感じというのが、一番ぴったりきました。え、こんな発想は、自分は持ったことないぞ。それを、お決まりの大乗仏教の小乗仏教批判なんてところに回収してはいけない。とてつもなく大事なものが含まれている。

そう思った私は、その瞑想会のあと、その頃私が主宰していた高知の山奥の「渓声禅堂」という道場の日課に、この慈悲の瞑想をつけ加えたのです。ある長老のやり方をそのままに。

「大乗仏教　対　小乗仏教」などという枠組みは当然、崩壊していきました。とにかく、ここに今までまったく知らなかった、とてつもなく大事な何かが隠されている、その何かを知りたいという強い気持ちで、私のテーラワーダへの探究が始まりました。

地下鉄サリン事件で、日本の宗教界が焼け野原になったあと、この先、日本の仏教を救うのはマインドフルネスしかないと、そのとき来日されたティク・ナット・ハン師と出会って直感したことは、これまで何回も述べました。その探究を、マインドフルネスをもともと伝えてきたテーラワーダ仏教の伝統の中で、少しずつ始めてはいたのですが、テーラワーダの瞑想会に実際に参加すると、マインドフルネスと並んでもうひとつ、大事なものがあると知らされたのです。それは慈悲。

慈悲か……。マインドフルネスが、禅僧にとって、そのままでは非常にわかりにくいものだということは、これまで重ねて説明してきましたが、慈悲はわかります。それは禅僧にとってお馴染みのものです。それどころか、慈悲の実践こそが、禅の修行生活の要でもありました。みんなが気持ちよく修行できるように、精一杯気を遣い、朝から晩まで「働く」。はたが楽になるように。

でも今見た、テーラワーダ仏教の慈悲は、私が禅僧としてやってきたのとはまったく違う角度から、慈悲の実践を行っているようだ。

盲点を突かれたような感じと述べました。それはつまり、今までまったく気を配ってこなかったこと、大事にしてこなかったことを、ポンと目の前に置かれたような感じだったのです。

それは、自分を大切にすること。意外なのは当たり前です、それは禅の修行をするうえで、まず最初に捨てなければいけないものだったから。

でもお釈迦様は、この自分が幸せでありますように祈れと、教えられていたのか。これは「エゴの自分勝手な欲望」ではないぞ。ではいったい何なのだ。

今から約二〇年前に、大乗仏教僧として、テーラワーダ仏教が最も重要なものとして伝えてきた「慈悲の瞑想」に出合った衝撃。そのとき抱いた疑問が、今ようやく解けます。マインドフルネスの本当の意味がはっきりとわかった今は。

なぜ大乗仏教では慈悲を「私が幸せでありますように」という形では語らず、もういっぽうのテーラワーダ仏教では、積極的に唱えるのか。実は慈悲に対する、この姿勢の違いこそが、「念」をめぐる誤解の解けた今、禅とマインドフルネスをめぐる最後の急所といえます。

それを詳しく論じる前に、ここで一度、まず具体的なマインドフルネス瞑想の進め方を見てみましょう。曹洞宗の只管打坐、テーラワーダ仏教の瞑想で学んだものをすべて統合した形で、私はそれを「ワンダルマ・メソッド」と名付けてまとめています。ワンダルマとは、ひとつの法（ダルマ）すなわち真理。つまり、仏教にはさまざまな伝統があるとはいえ、それは究極的にはひとつの真理の、さまざまな形をとった顕現だというとらえ方です。この伝統は正しいけど、あの伝統は間違っている。この伝統が上で、あの伝統は下だという見方をしないということ。

なので、私自身、今は禅僧ともテーラワーダ仏教僧とも呼ばず、「ワンダルマ仏教僧」という立場をとっています。今のところ、地球上に私ひとりだけですが。

以下は私、山下の指導による、ワンダルマ・メソッドに沿った、ある日のマインドフルネス瞑想の流れです。実際の音声は、一法庵のサイトにも載っています。また、一法庵の主宰する瞑想会やリトリートで実際に経験することもできますが、以下の記述で、だいたいの流れは理解できるでしょう。

東京の西新宿にある超高層ビルで行われた瞑想会です。

――
はい、電気を消してください。全部消して。

ここ東京新宿は、なんとか幸せになりたいとニンジンを追いかけているものすごい力の中心にあるようなところですが、不思議なことにこの瞑想空間は、東京の重力を突き抜けています。今日はあまりたくさん時間をとれませんが、本気でやればちゃんと空（エンプティー）なる次元へ行きますよ。

坐蒲（坐禅用のクッション）を用意してください。そのうえにお尻を軽くのせます。お尻は坐蒲のうえ、両膝が床か座蒲団の上です。お尻と両膝の三点が作る三角形が、みなさんの坐禅の基礎です。その三角形のうえに、上半身を立てていきます。

ひとつの足を反対側のもものうえに乗せてから、ゆっくりと身体を左右に揺すってください。骨盤のあたりから、上半身が完全に緩むように。それから前のほうへ傾きましょう。前に傾いてから、ゆっくりと身体を戻していきます。反動をつけないでください。今、腰が最適に入っています。それ以上は入れすぎない、この腰の緊張感を失ってだらんとならないように。肩を、息を吸いながら上げて、吐きながらすとんと落としてください。上げて落として、上げて落として、三回くり返します。両手は太もものうえにのせてください。

頭で天井を突き上げているイメージ。口をしっかりと閉じて、舌の先を上の前歯の根っこに置きます。目を閉じます。

私たちは、脳の中で、ずっと一日中うごめいている思い（thinking マインド）とこの身体を、自分だと思っていました。それらも自分の一部だけれども、それがすべてではないです。思いとは別の場所へ行きましょう。これからやる瞑想を通して簡単に。

今まで瞑想の目的、行き先をちゃんと言わなかったから、みなさんはどこへ行っていいのかわからなかった。坐禅や瞑想の終点が、思いの世界を出て、自分の身体に戻ることだなんて言ったら、当然私たちは身体にしか戻らないですよ。しかし私たちは瞑想を通して身体に戻るのではありません。

私たちはマインドフルネスという、いろんな思いを手放して、思いが脱落した、それでもそこに残っている、ある明晰な意識に戻ります。明晰な意識であって、「思い」ではないです。「思い」ではないことは、実際に経験すればわかります。その場所へこれから行きます。

それにはどうしたらいいか。まずは身体の中の感覚を見ましょう。

今までみなさんは、自分の心がつくった映画をずっと見ていた。バラ色の未来という映画、嫌な過去という映画。でも、その映画に夢中になっているとき、みなさんが忘れていたものがあって、それが身体の感覚でした。

映画館の中で、自分の目の前のスクリーンに展開する映画の世界の中に、ずぶずぶに入っていたみなさんは、その映画の世界がリアリティになっています。現実には、映画館の椅子に座っていることなど忘れている。自分の身体がそこにあることを忘れている。だから、映画の世界から出るために、まずは映画館で椅子に座っている身体を感じてください。

みなさんはときどき不安になりますね。そのとき、実際にみなさんの中では何が起こっていますか。不安という感情と、ああなったら、またはこうなったらどうしようという思考と、同時に、みなさん、胸のあたりが何かざわざわしていると思います。そのざわざわしているなんとも嫌な不快な感覚を感じてください。

そのとき感情や思考はもう考えなくて結構です。純粋に身体の感覚のみを感じてください。はい、青空へのフォーカシングですね。

しっかりと身体の内側が見えてきたら、おへその下あたりに注意を移動させてください。そこ、どうなっていますか。息を吸ったら下腹が膨らんで、息を吐いたらへこんでいますね。その膨らみ、縮みと、吸って吐いてを両方とも感じてください。

今まで何にもなかった身体の中を、何か微細なエネルギーが流れ始めたでしょう。今までなかったのか、それともただ単に注意を向けなかったから、なかったように思えたのか。

では、手のひらを天井に向くように置いてみてください。みなさんの手のひらは身体の中で最もたくさんセンサーの埋め込まれている場所です。なのですべてを感じ取っていくことが容易にできます。はい、右の手のひら、何を感じますか。左ききの人は左の手のひらで感じてみてください。

何か表面がちりちりいっているでしょう。五本の指の中、手のひらの中で炭酸の泡がしゅわしゅわいっている。じんじんいっている。ぴりぴりいっている。それをしばらく感じてみてください。これは以前からあったんだけど、映画に夢中のみなさんは注意を向けてこなかった。だから、あることすら知らなかった。でも今、注意さえ向ければ誰にでもあります。誰にでも感じられます。注意の向け方に、少しだけコツが要りますが。

はい、では観察の領域を広げていきます。右腕全体を行ってください。肘から二の腕から肩まで。右腕の中を微細なエネルギーが広がっていく。右腕、左腕、両方やったほうがやりやすいからやりましょう。両方でやりましょう。手のひらから肩まで。右手、右腕、左手、左腕。両手、両腕。

はい、では下半身に移動します。右足のつま先へ行きます。つま先を感じてくださ い。つま先の五本の指を感じます。それから、足の裏を感じて、土踏まずからかかとにかけてを感じて、足首を感じます。

はい、そのままふくらはぎから膝、膝小僧と膝の裏と太ももと足のつけ根と。右足、左足の両方で。

お尻に行きましょう。それは坐蒲のうえにのっている。坐蒲によって支えられている。その感覚をよく味わって、お尻と両足とをつなげて下半身としてとらえてみてください。

まるで半身浴に浸かったようにみなさんの下半身はほどけていきます。あったかいものが流れる。すべての凝りや固まりが解けていく。

はい、では、上半身へ行きます。背骨を中心に見ていきます。

背骨の一番下、尾てい骨のあたりを意識してください。そこから息を吸いながら上がっていく。背骨を管としてイメージして、その内側を感じながら一センチ、一センチ上ります。首から、さらに頭のてっぺんまで。今度は、息を吐きながら降りていきましょう。頭のてっぺんからずっと降りて、吸いながら上がって、吐きながら降りてくる。

はい、身体の部分ではなく、一気にみなさんの身体全体をこの微細なエネルギーで満たしてください。いろんなことを考えたら身体を離れて映画の世界へ入ってしまうので、今は、考えることを全部手放しにして、思いを手放しにして、自分の身体の内側を感じる。

はい、ここまでで、私たちは脳内映画に漬かっている状態から、映画館の椅子にある身体へと戻ってきました。それで終わりではなく、今から私たちは、マインドフルネスの領域に入っていきます。

思いが落ちた後に残っている意識。先発ピッチャーであるthinkingマインドがマウンドを降りた後に、そこにいるリリーフピッチャー。まさかそんな人がいるとは思わなかったけど、いるのですよ。いることを知らないから、私たちは身体を、思いの手放しをした後に行く場所として今まで頼ってきてしまった。般若心経にはそのようなこと、どこにも書いてないのに。「色即是空　空即是色」の、その空の世界をこれから直接経験します。

はい。向こう側のリリーフピッチャー＝「青空としての私」の次元、それは「生まれてもいない、死ぬこともない私」でもあることを、すでに確認しました。そしてそこにある、非常に重要なものが慈悲です。こちら側の先発ピッチャー、つまりふだんの雑念もくもくの、「雲としての私」の平面にはなかったもの。

それゆえ、向こう側へ飛ぶために、向こう側にあるものをまるで自分がすでに持っているかのようなことを想像します。今の自分は持っていないんだけども。でも、ジャンプすることによって私たちはそこへ到達できる。だから、一番大事なことは、慈悲を持っていない自分を手放して向こう側へ飛んでください。向こう側を信じて。もうみなさんは、向こう側の実在を確信しているでしょう。

向こう側から見たら、この私というのはただ単にどうしようもなくかわいそうな存在。泣き騒いでいるばかりの存在。そういう私を抱き締めて、自分を抱き締めて、こう念じてください。

「私が幸せでありますように。私が苦しみから解放されますように」

はい、今、慈悲をちょこっとだけ、でも実在するものとして、感じたと思います。その慈悲に基づいて人間関係をもう一回リセットしていきます。

まずは簡単な、もともと好意を持っていた人、あるいは尊敬していた先生から始めましょう。ひとり選んでください。生きている人を選んでください。その人を一・五メートルぐらい先に置いて、その人に向かってこう念じてください。

「この人が幸せでありますように。苦しみから解放されますように」

はい。みなさんの慈悲はどんどん強くなって、知っている人や尊敬している人、好きな人という小さなグループをはるかに超えて、見ず知らずの人のところまで広がっていってます。今日みなさんはここに来るまでに、電車の中で、駅からの道の途中で、コンビニの中で、たくさんの見ず知らずの赤の他人とすれ違って来ました。ひとりぐらい覚えているでしょう。その人を目の前に置いて、こう念じます。

「この人が幸せでありますように。苦しみから解放されますように」

はい。非常に強い慈悲を持っているみなさんは、見ず知らずのひとりひとりを愛おしく思います。もうみなさんが今いる場所では、ネガティブな感情が存在していない。ではそのときに、みなさんが長い間ずっとネガティブな感情を抱いてきた、あの人を目の前に置いたらどうなるのか。ちょっとやってみましょう。

はい、では、そういう人ですね。みなさんが、怒りや恨みや憎しみや嫉妬をずっと長期にわたって抱いてきたあの人を目の前に置いて、こう念じてください。

「この人が幸せでありますように。この人が苦しみから解放されますように」

はい。長年にわたるネガティブな感情もみなさんの強い慈悲の前では一瞬にして消えました。ではこれまで自分も他人も、他人の中でも好きな人、嫌いな人、赤の他人も、もうそういう区別がいっさいない、その状態をこう念じてください。

「生きとし生けるものが幸せでありますように。生きとし生けるものが苦しみから解放されますように」

すべてを手放して慈悲の中に身を投げてください。慈悲の次元にジャンプしてください。

みなさんは慈悲の中にいるので、もう枝から枝へ飛び移ってゆく、お猿さんの心は存在しません。ひとつのものを、長く観察することができます。

代表的なものが、呼吸です。吸う息と吐く息にマインドフルであること。パーリ語では、アーナーパーナ・サティと呼びます。それを最後に行いましょう。

鼻の入り口あたりに、意識を軽くおいて、その前を通り過ぎていく、吸う息、吐く息を観察する。でも、もうみなさんはそれを、主体である私が、客体である呼吸を見るという、主客が分かれた場所では見ていません。主客が分かれた場所では、長く見ることは不可能です。それはお猿さんが活動する場所なので。

吸う息と、吐く息がただある場所。そこに留まります。時間が許す限り。

今、みなさんは慈悲とマインドフルネスの中にいる。ふだんの生活とまったく違う場所にいる。けれども、それはもともとみなさんの中にあったものですね。だけど、見えなかった。忘れていた。

だからいつでも日常生活の中で、今、みなさんがいるこの場所に戻る、そういう訓練をしてください。

はい、では今日はここまでにします。電気を一部つけてください。はい結構です。

いかがでしたか。

マインドフルネス瞑想のやり方は、もちろんたくさんあって、先生ごとに違います。テーラワーダ仏教の瞑想ならある程度、基本を共有していますが、現代のアメリカを経由した英語のマインドフルネスのもとに広がっているものは、本当に百花繚乱状態です。依って立つ伝統がそれぞれ違ううえに、教える先生の個性が入るので。しかもそもそも「マインドフルネスとはいったい何か」という基本中の基本のところで、何か統一されているわけではないので、結果として瞑想のやり方もまったくひとつにはなっていません。

ワンダルマ・メソッドでは、これまで本書で何度も説明したマインドフルネスの定義にしたがって、具体的な瞑想のやり方を、次のように組み立てています。

まずは映画の世界に閉じ込められていることを認識したうえで、そこから出ることを目指す。映画に夢中になっているとき、身体を忘れているので、逆に身体をしっかり思い出し、感じるところから始めます。

身体の部分、部分にある微細なエネルギーを感じるステップを踏むことで、ふだん感じている身体の表層から、さらに深い次元に入っていきます。そこまで来ると、向こう岸へジャンプする準備ができています。

向こう岸にのみ存在する慈悲を自分の内側で感じることで、此岸から彼岸へのジャンプが起きます。その向こう岸に、慈悲と並んでもうひとつあるものが、もちろん、マインドフルネスなので、向こう岸に飛んだあと、そのマインドフルネスを深めていきます。
最初は、一番初歩的なマインドフルネスの対象である呼吸とともにあることで深めます。その後、対象を変えてマインドフルネスを深め、ついにはその向こう岸そのものに気づいていきます。

以上が、大まかな瞑想の見取り図です。もうお気づきのように、「慈悲の瞑想」が核心部分を担っています。こちら岸と向こう岸は、仏教用語としては、此岸と彼岸になります。このような対比は、すべての宗教にある言葉ですね。自分たちが知っている世界ではない世界がある。そこは理想の場所。でもそれは、今この場所とは断絶している。その断絶を川のたとえを使って、こちら岸と向こう岸、此岸と彼岸と表現してきたわけです。瞑想は彼岸へ飛ぶことを目指す。なぜなら、彼岸にしか、苦しみのない世界はないから。

此岸にいる「私」をこれまで「雲としての私」「thinking マインドの私」「生病老死する私」、そして彼岸にいる「私」を「青空としての私」「もうひとつの私」「生まれることも、死ぬこともない私」「観自在の私」とも呼んできましたが、もちろんそれらはすべて同じ対比、ギャップの構造を示しています。

その川を越える、ジャンプするときに重要な役割を担うのが慈悲の瞑想です。そして、その向こう岸にのみ、マインドフルネスは存在する。

この理解に基づき、慈悲の瞑想をもう少し丁寧に見ていきましょう。

最初に「私が幸せでありますように」に始まり、最後は「生きとし生けるものが、幸せでありますように」と祈ります。このフォーマットは、歴史的にも地理的にも世界共通のものです。違う言語で、ほぼ同じ慈悲の瞑想が、世界各地で行われています。

私が幸せでありますように。
私の好きな人が幸せでありますように。
私が今日見かけた見ず知らずの人が幸せでありますように。
私が長い間ネガティブな感情を抱き続けていたあの人が、幸せでありますように。
生きとし生けるものが幸せでありますように。

みなさんも本当にそのように祈ってみてください。実際に声に出すといいでしょう。「私が幸せでありますように」「生きとし生けるものが幸せでありますように」と祈るとき、あなたの内側にはどんな思いが湧いてくるでしょうか。

うそっぽい。わざとらしい。偽善に過ぎない。自分にはできない。

このあたりが、現代の日本人によくある拒否反応といえるでしょう。

しかしその時点でもう一度、あなたの内側を、こんなの偽善だ！　という思いの雲が湧いてきたもとを、よく観察してみましょう。

慈悲なんて無理、と叫んでいるのは誰でしょうか。こんな自分が慈悲心を持つなど不可能だ。その資格も余裕もないし、絶対あり得ないと叫んでいるのは、いったい誰でしょうか。

それは、ふだんの「雲の私」ですね。つまり、個々人のエゴが慈悲など持てるはずがないのです。それどころかエゴは慈悲を嫌悪します。

慈悲についての最も大事な点は、それはエゴの次元にはないということです。つまりみなさんがエゴとして生きているなら、慈悲をリアルに感じることはできません。でも、みなさんは本当にエゴだけの存在なのか。

また、慈悲の瞑想で「誰々が幸せでありますように」などという祈りに対して、瞑想会の参加者からよくこんな質問がきます。慈悲を送ったらその人は、本当に幸せになれるのですか、と。その人の幸せのためなら、さっさと何かもっと具体的な行動をしたほうがいいのでは、と。

そういう話ではないのです。そこがポイントではない。

誰かが幸せでありますようにと祈るのは、その誰かが問題の焦点だからではありません。私自身が、慈悲の存在する次元にジャンプするためなのです。

その後、慈悲の次元にいる「私」が、その慈悲の祈りの対象であった誰かのために、あらゆる努力をしていくのは当たり前の流れです。祈るだけで行動しなくていいのか、というのは仮想的な質問で、実際にはそうはなりません。強い祈りは、そのまま力強い行動を生むでしょう。そうではありつつも、重ねて言います。そこが慈悲の瞑想のポイントではない。

つまり、慈悲の瞑想は、この世的な視点から役に立つとか立たないとか、そういう目的で行うのではないのです。それは「青空としての私」の次元に飛ぶためのひとつの「方便」だということです。慈悲の瞑想という方便を使うことによって、向こう岸へジャンプすることは、確実にできます。そしてそこにあるマインドフルネスを深めていくのです。

誰でも青空にジャンプできる時代

もちろん、慈悲の瞑想とマインドフルネスだけが、此岸から彼岸へのジャンプ、ふだんの「雲としての私」から「青空としての私」への転換の道かというと、それは違うと思います。他にもたくさん方法はあり、また覚者と言われる人々が、全員、この方法を使ってきたわけではありません。

しかし他の方法は、悟りを開いた古今の禅僧のケースを見ればわかるように、あまりにも個人の経験に寄ってしまうのです。

それゆえ、慈悲の瞑想とマインドフルネスは、いい意味で、「青空の次元へより多くの人を渡らせる方法」であり、その次元への「整備された道」だと言い換えることができるでしょう。

そのルートに乗れば、誰でも「青空としての私」を実感することができる。だからこそお釈迦様も道元禅師も、マインドフルネスであり続けなさいと強調された。マインドフルネスは坐禅する者にとって最終ゴールへの確実な、使えるナビゲーションだからです。

振り返ってみると、今までの仏教に限らず、世界の宗教の歴史は、ある非常に特殊な人が、とある特殊な状態に入ったところから始まりました。

確かにそれはすばらしい教え、一般の人が想像できないような深さを持った教えですが、当人以外の人々はその状態にはなかなか入れなくて、ただ先生の話を受け取って信じるだけでした。場合によっては、その先生に過剰に依存してしまったり。

たとえば、私にマインドフルネスというものの底なしの深さを教えてくださった、ティク・ナット・ハン師は、ベトナム戦争を通じてとてつもなく苦しい目に遭われた方です。ベトナムの戦火を止めるため、自分の命と引き換える行動を起こされた仏教僧たちは、みなティク・ナット・ハン師のお仲間です。救おうとされたボートピープルも、全員を救うことはできませんでした。その圧倒的な苦しみの中で修行されたマインドフルネスによって、ハン師は苦しみのない次元を経験された。

そこに入らない限り、自分が壊れてしまうようなつらい経験を経て「生まれることも、死ぬこともない」次元に入られた。最後はマインドフルネスの具体的なやり方とかではなく、もう一気だったのでしょう。

ティク・ナット・ハン師の教えはすべてその次元からです。たとえば自分の中の激しい怒りを、泣き叫んでいる赤ん坊をあやすように、いい子、いい子とあやして扱いなさいと言われます。すると、今まで泣き叫んでいた赤ん坊がおとなしくなるように、あなたの怒りもおとなしくなりますよと教えてくださる。

それは確かにとてもわかりやすく、圧倒的な説得力もあります。なぜならご本人が実際にそうされているから。

でも多くの人にとって、それはとてもむずかしい。いざ自分の怒りを、赤ん坊のようにあやしても、怒りという赤ん坊は泣き叫んだままです。なぜでしょうか。ティク・ナット・ハン師に教えられた通りにやっているのに、なぜ私の怒りという赤ん坊は泣き止まないのだろう。

それは、ティク・ナット・ハン師のいる次元と、私たちの多くのいる次元が、そもそも違うからです。

同じことがチベットのリンポチェたちにもいえます。

リンポチェは高僧の生まれ変わりとされています。ある非常に有名な僧がいて、その人が亡くなったら、数カ月後、数年後にどこかの赤ん坊がその人の生まれ変わりとして認定される。

認定されたら特殊な教育を受けます。一般の小学校などには行かず、特殊な学校で、少人数の学友と一緒に究極のエリート教育を受けます。そのあと、徹底的な修行をされて、ある高みに達したところから人々を教え導いていかれます。つまり、最初からある次元に入っているのです。

ティク・ナット・ハン師のように、非常に特殊な苦しみの中から、あるいはチベットのリンポチェたちのように、特殊な生まれと教育によってある次元に入られたところから発せられる教えは、すばらしいものであったとしても、それを受ける側が実はその次元に入っていないという、非常にシリアスな問題があります。

しかし本書で探究してきたように、私たちがマインドフルネスと禅の統合を通して到達した、マインドフルネスの新しい定義と、それに基づく方法を使えば、ティク・ナット・ハン師のような筆舌に尽くしがたい苦難や、リンポチェのような生まれ変わりと特別な教育を受けていない私たちでも、誰もが青空の次元へ入っていけるという、新しい時代の招来となります。

それはつまり青空に至る道筋が、いい意味で「大衆化」されるということを意味しています。

二一世紀の日本にようやくムーブメントとして伝わってきたマインドフルネスという、お釈迦様直々の決定的な方法論により、此岸から彼岸へは、瞑想のたびに誰でもジャンプできるようになるのです。

そのことを、もうひとつ、別のたとえで説明しておきましょう。

みなさんが、もしもこれから飛行機に乗るとして、どこに行くのかあらかじめ知らされていないとしたら、どうでしょうか。不安でたまらないのではないでしょうか。飛べるとしても、それに乗る気にもならないはずです。それは、目的地とルートを知らないまま瞑想することに似ています。

でも、これから行くのはニューヨークという場所で、そこにはこんな店やあんなイベントがあって……と、地図を開いて先に詳しく知っていれば、誰でも、むしろ飛ぶことが楽しみになって飛行機に乗ろうと思うはずです。

「マインドフルネス×禅」すなわちマインドフルネスと禅をかけ合わせることにより、すべての人々が完全な地図を手に入れられるということは、そういうことを意味しています。もう、みなさんは目的地もわからず、坐禅するのではありません。どのように飛ぶかわからず、座り続けるのでもない。行き方も行き先もわかったうえで、飛びたい人は誰でもそこへジャンプできるようになるということです。

そして、不思議なことに、ジャンプした先すなわち彼岸からは、元いた場所、こちら側の此岸ですね、そこは、そんなにギャップがあったようには思えなくなります。大げさな準備をしなくても、もう何度でも行けるようになる。最初に行ってみる前は、おおごとのように思えたのに。

海外旅行が当たり前になるように、青空という彼岸は大衆化、普遍化していくのだと思います。

「私」を置き換える

ここまで、禅とマインドフルネスのなんとも微妙な関係を、細かく見てきました。

禅僧として只管打坐をし、テーラワーダ仏教の比丘としてマインドフルネス(ヴィパッサナー）瞑想を、それぞれの本場で徹底的にやってきた私自身の経験を分析することで。

そして、禅とマインドフルネスのふたつが掛け合わされたとき、私は非常に不思議な化学反応が起こるのを見てきました。不思議です。禅はあれほどマインドフルネスを批判していたのに。なぜそこまで批判していたかというと、それは禅宗が持つ「思い」に対する拒絶反応、アレルギーが半端ではないことからでした。

私自身がそうでした。それゆえ、マインドフルネスが長年わからなかった。マインドフルネスが、手放していくべき「思い」「雑念」の一形態にしか思えなかったので。マインドフルネスも手放すべきでしょう、と思い込んでいました。

それだけ「思いはいけない」ということが、禅僧としての私という存在に染み込んでいたので、そしてまたマインドフルネス瞑想をしながら、これが「思い」であってはいけないと、ずっと気をつけていたので、ついに本当のマインドフルネスにたどり着いたとも言えるでしょう。

そうでなければ私も、主客が分かれたところの、一般的な気づきのマインドフルネスを、何の疑問も持たずにやっていたでしょう。「主体である私」が、「客体である呼吸」に気づく、というように。

私たちが到達したマインドフルネスのレベルは、それとはまったく違います。主体と客体がもう存在しない場所にある認識作用のマインドフルネスです。逆にいうと、マインドフルネスであることで、主客のない場所に入っていける。その道筋としての「ワンダルマ・メソッド」。このメソッドには再現性があります。なぜ、再現性が大事なのでしょうか。

偶然に頼って青空へ入るのではない。個人的な資質や想像を絶する苦難によるのではない。もちろん、偶然入る人もいるでしょう。特別な資質で入る人もいるでしょう。とてつもない苦しみによって入る人もいるでしょう。でもそれだと、「その他大勢である私たち」は取り残されてしまいます。

真のマインドフルネスは、その他大勢である私たちが確実に青空へ入っていく方法ですから、それには誰がやってもできるという、再現性が大きなポイントになります。

此岸から彼岸へ、雲の世界から青空の世界へ、確実にジャンプできる。そういう再現性のある道こそが、お釈迦様の教えてくださった、本来の瞑想なのだというのが、私がミャンマーにいたとき痛切に感じたことです。

何度でも再現性があることが、なぜ大事か。それはふだんの「エゴの私」と「青空としての私」の置き換え（リプレイス）に関係してくるからです。

青空の次元でかいま見ることのできた、新しい「もうひとつの私」に、瞑想を通じて何度も触れることで、これまでのネガティブな脳内映画の癖が残っている今までの「エゴの私」を、少しずつそちらに置き換えていく。

一度知った二重構造の視点を永続的に持ち続けることが大事です。私たちは長年、脳内に勝手な映画を上映して生きてきました。青空に一瞬でも触れることはすごいことですが、映画にどっぷり漬かった視点で何でも見る癖が、心の奥底にしみついていて、ついふだんの心の癖が出てきてしまう。

ですから、二重構造の「私」を瞑想の中で実感することを繰り返すことで「私の二重構造」を心と身体にしみ込ませて、これまでの悪い癖、悪い考え方を「青空としての私」の視点に置き換えていくことが必要です。

そうすることで、「もうひとつの私」、「青空としての私」のほうが本当だ、リアルだと実感していきます。日常の中に、青空が流れ込んでくる。

それゆえ、「青空としての私」「生まれることも、死ぬこともない私」の状態にはしっかりした再現性が必要なのです。

実際に、瞑想会やリトリートなどで、青空に、偶然一回触れるのではなく、定期的に何回も何回も触れていくこと。それができれば、あとはどうやってそれを日常の中で強く長く保つかということに集中できる。

今まで、映画が現実そのものだと思って生きている人と、映画も確かにあるけど、青空の視点も同時にあるという人では、すでに何かががらっと変わっている。

もちろんその人はまだまだ日常の中でふたつの次元を行きつ戻りつするでしょうが、やがてはマインドフルネスを深めることで、だんだんと、「青空としての私」のほうが「本来の自己」だと腑に落ちてくる。

日本の禅の歴史を見ると、「本来の自己」に確たる「再現性」がなかったとも言えるでしょう。

たとえば私の師匠筋である澤木興道老師、内山興正老師のように、明らかに青空を知っている名僧たちは、ときどき、禅の歴史に現れます。世に出現したその人たちは非常にすばらしい説法をされる。その人が実際に経験していることを言葉にするから、当然、大変な説得力がある。それゆえ名僧たちは、たくさんの人を魅了し、惹きつけてきました。

しかしなかなか後が続かない。なぜなら、多くの方が、老師たちと同じ状態に入っていけないからです。たとえ同じように二重構造の「私」を、偶然が重なり、一瞬、実感したとしても、そのことに再現性がない、どうやったらまた実感できるかがメソッド化されていないと、本当にその人を変える力とはならない。つまり青空に至る道筋が普遍化されていなかったということです。

そして今、二一世紀にようやく日本にムーブメントとして伝わってきたマインドフルネスというお釈迦様直々の方法論が、日本の風土に根付いた禅と出合うことで、不思議な化学反応を起こして、普遍性と再現性のあるメソッドが生まれたということなのです。

禅との出合いによる化学反応がなぜ必要なのか。これまでのマインドフルネスのままではよくないのか。この点をしつこいですが、念には念を入れて検討しましょう。

今までのマインドフルネスの定義はこうでした。「今、この瞬間の体験に意図的に意識を向け、評価せず、とらわれのない状態で、ただ観ること」

問題は後半部分です。評価せず、とらわれのない状態で、ただ観る。客観的に、ありのままに観る。

そのことに多くの方が挑戦しました。よーし、自分の心を客観的にありのままに観察しよう。

そしてそれは結局、非常にむずかしいと感じている人々がいます。それは、たぶん大勢です。むずかしいというより、はっきり言って、不可能。原理的に無理。人間が空を飛べないように、努力の問題でもない。このような気づきのところまで、みなさんは来ている。

本気でこれらのマインドフルネスをやってみて、しかも自分に正直な人たちなら、今までの自分の次元で、自分が自分を客観的に観ることはできない。原理的に不可能。そのとき、「私」は二重構造になっているという話は受け容れやすいでしょう。なぜなら、ときどきは、確かに自分をありのままに、どこか遠くから観ることができて、そのときすべてから解放されているという経験を、一度くらいはしているから。でもその経験を二度と再現できなかった。

しかし今は、それを何度でも再現できるメソッドがあり、そこに「私」の二重構造という地図があれば、もう、いくらでもマインドフルネスを実践できる。


そのはずですが、今までのマインドフルネスが結局のところ不可能であるということは、私たちのエゴが、いったん本当に絶望しないと、実は何も始まらないということを意味しています。ある意味、エゴが死ぬ、敗北するということ。

エゴは、今までは何でもできると思っていたわけです。できるわけがないのですが、できると思っていて、中でも奇妙なことに、「自分を客観的に見ること」すらできると思っていたわけです。


ところができない。その敗北をエゴが認めないとだめなのです。敗北してやっと、まったく新しい見取り図が見えてくる。

結局、「エゴ」と「青空の私」の間は、完全に断絶している。一生懸命に努力してたどりつくという話ではなく、すっぱり断絶していて、エゴの自分が敗北して初めて新しい私が感じられるようになる。

そのとき本当に、しぶしぶでもエゴが敗北を認めるならば、慈悲の瞑想が次の段階に進むための重要な鍵になるのです。エゴの身投げと引き替えに、慈悲という、青空の次元にしかないものに案内されて、安全に、そして確実に、私たちはそちらに飛べるのです。

慈悲の瞑想で繰り返すのは、完全に祈りの言葉です。「私が幸せでありますように」「生きとし生けるものが幸せでありますように」と。

それは、自分を客観的に観察するぞ、というのとは全然違う瞑想です。敗北した自分がすべてを手放し、身を委ねるのが慈悲。青空を満たす大きな大きな心に帰依するということです。それを自らの真実としたとき、私たちは「青空の私」に転換している。慈悲の瞑想とは、エゴから青空へ、別の次元にジャンプするということなのです。

禅における慈悲も見ておきましょう。それは「三心」という言葉でよく表されます。

道元禅師の『典座《てんぞ》教訓』にある言葉です。三心は喜心・老心・大心。典座という修行道場の炊事を、どういう気持ちでやるのかという教えです。喜心とは喜ぶ心です。いやいやながらやるのではない、喜びとともに働く心。老心は親の心ですね。親が子どもを世話するような心。大心とは大きな心、大小ではなく、この本の言葉で説明するならば、青空からの視点で働けということ。

禅の一番すごいところは、三心を理解した後で、本当に身体を使って働くことを重んじることです。実際にご飯をつくるのです。ただ慈悲を持ちなさいと抽象的に説くのではなく、慈悲を持ったならば、とにかく人のために具体的に働く。実際の行動をする。

慈悲によるジャンプによって、マインドフルネスの主体の場所がはっきりしました。そして、禅宗には慈悲を具体的な行動に落とし込む豊かな方法がある。禅とマインドフルネスの出合いによる化学反応は、まったく新しい慈悲のあり方を生むことでしょう。

慈悲と仁王門

そこで思い出していただきたいのが、二夜連続のドラマの第二話のことです。大乗仏教がなにゆえ現れてきたかという、歴史的な文脈です。

単にマインドフルネスして心が落ち着くだけだったら、少しでも瞑想を経験したことがある人はわかるでしょう、あまりにも気持ちよくて、そこにへたり込む。自分はもう、これでいいやと。楽になったからと。

しかしそれは、修行の名のもとに現実から逃げているだけではないか。慈悲というものが前提であったなら、そこでへたり込んでいるわけがないのです。大乗仏教の、衆生の救済に命を捧げる流れに、必ずたどり着くはずだということです。

もしも、世間に対するルサンチマン（恨み）が修行の動機であったとすると、その人は、結局、嫌なものから逃れたいために出家することになります。嫌なものは、それに対する憎しみや怒りなど、いろいろな負の感情を生み出します。嫌な世間から瞑想体験に逃げ込むという文脈で修行すると、もうわざわざ世間に出ていく必然性はない。

しかし、道元禅師はすべてを見通して、後世に遺していかれた。

禅宗が絶え間ない作務に託して慈悲を実践している意味は、デフォルトとして慈悲に満たされたマインドフルな次元、すなわち青空の次元に只管打坐して触れたなら、それをひとときも忘れるな、日常のすべてを慈悲の実践、つまりマインドフルな意識で生きることに変換せよということだと思います。

さきほど、ルサンチマンといいましたが、オウム真理教に代表されるような、世俗の法律にも反するような宗教集団は、これまで説明した慈悲ということで判断すれば、たちまち偽物と見抜けるようになります。

彼らはまさに宗教の文脈で行動しました。日本の社会はそれを法律違反として裁きましたが、宗教の文脈には手を触れずじまいでした。その意味で、彼らの刑は執行されたけれども、根本の問題は解決していないのではという、髙村薫氏の次の指摘は、その通りだと考えます。

「裁判では、宗教教義と犯罪行為の関係性は慎重に排除され、一連の事件はあくまで一般の刑法犯として扱われたが、その結果、神仏や教祖への帰依が反社会的行為に結びつく過程は見えなくなり、宗教の犯罪という側面は手つかずで残された。しかしながら、どんなに異様でも、オウム真理教は紛れもなく宗教である。それがたまたま俗世の事情で犯罪集団と化したのか、それとも教義と信仰に導かれた宗教の犯罪だったのかは、まさにオウム事件の核心部分であったのに、司法も国民もそこを迂回《うかい》してしまったのである」

（「（寄稿）精神世界、無関心な私たち」より一部抜粋　髙村薫、朝日新聞デジタル　二〇一八年七月一〇日）

宗教の犯罪だったのかどうかという、髙村氏の、宗教者に対する問いかけは、さらにこう続きます。

「信心と帰依は信仰の本態である。また信仰は本来、自身を守るための殉教や殺戮《さつりく》もあり得る絶対不可侵の世界であり、もとより社会制度や通念とは相《あい》容《い》れないところで立っている。オウムをめぐる言説の多くが生煮えに終わったのは、信仰についてのそうした本質的な認識が私たちに欠けているためであり、自他の存在の途絶に等しい信心の何たるかを、仏教者すら認識していないこの社会の限界であったと言えよう」

（同前）

この問いかけの意味はおわかりでしょうか。彼らがある特殊な宗教体験の中に入り、そこからあのテロリズムが生まれてきたのではないか、と問うているのです。一九九五年の私が、まさに最も怖れていた部分です。彼らは異様に激しい修行により、他の宗教の修行では達しないような、深い瞑想体験をしていたのではないか。

今の私の答えは、シンプルにNOです。彼らはまったくそこには入れませんでした。

なぜそう断言できるのか。その深い瞑想体験に入るには、ある条件が必要なのですが、彼らはその条件を充たしていなかったからです。深い体験に入ることは不可能だった。そう言い切れます。それゆえ一連のオウム事件とは「宗教的テロリズム」ではなく、単なる「テロリズム」であって、それを宗教の問題として扱うこと自体が不適切、というのが私の結論です。まさに、髙村薫氏とは正反対の立場です。

一連のオウム事件の本質は、結局、彼らは実は修行がまったく進んでいなかったということに尽きるのです。これから私たちは「マインドフルネス×禅」を理解して実践することにより、日本社会に強く刻まれた、歪んだテロの記憶を、真の意味で乗り越えることができるでしょう。怪しげなところに入る必要はまったくないということが、時々刻々明らかになるはずです。

「青空としての私」を自覚した人間は、慈悲そのものとなっているので、その人が、社会とぶつかるということは絶対にあり得ません。青空の次元にあるのはただただ慈悲であり、キリスト教でいうアガペー（神の愛）だけです。

慈悲は、青空へのジャンプを保証する。
逆に、慈悲がなければ決して青空に入れないよう、青空は固くガードされている。

どんな激しい修行をしていても、この人たち、もしかしたらすごいのではなど、微塵も思う必要はありません。慈悲ではなく、世間へのルサンチマンでは、それがいかにパワフルなものであったとしても、その人は青空の次元に、どんなことをやっても飛べないからです。

言い換えれば、慈悲という門で、すべての邪悪なものは跳ね返される。ダルマは完璧に守られています。お寺の山門に仁王尊像がよくお祀りしてありますね。その横に「邪心ある者が、清浄なる境内に入るのを防ぐ」という説明書きがよくありますが、それと同じシステムが私たちの心の中にあります。仁王門の先、つまり瞑想の深いところには、どうがんばっても到達できない。慈悲がない限りは。

ですからみなさんも安心してください。お釈迦様の教えは、「マインドフルネス×禅」でようやく全容を現しつつありますが、この先、あのようなテロリズムによって何ひとつ毀損されたりはしないのです。

マインドフルネスと禅。この、二〇世紀末に日本の宗教界に突如として出現し、多くの人を揺らし続けた大問題に、私などはまさに当事者として、三〇年間ももみくちゃになりながら関わってしまったけれど、しかし今、クリスタルクリアな結論が出ました。

かつて私が、禅の只管打坐からミャンマーまで行ってテーラワーダの瞑想を学んだ理由は、もしかしたら禅の只管打坐では経験できないような深い宗教体験を、オウムの人たちは得ていたのではないか、そこからあのテロリズムは生まれたのではという怖れでした。しかし、実際にミャンマーに行って深い瞑想に入ることで、あ、この場所に、オウムの人たちはいっさい入っていないとわかりました。

宗教的テロリズムは、あり得ない。宗教の中から、テロリズムは決して生まれてこない。この先も、ずっと。もちろん、宗教を悪用したテロリズムは、いくらでも起こるでしょうが、宗教の中からは決して生まれない。そのことだけは言い切れます。

「マインドフルネス×禅」によって「生まれることも、死ぬこともない私」に還る。

今、誰でも青空をリアルに実感する道は、目の前に開かれているのです。

第六章

「マインドフルネス×禅」と生死《しょうじ》のこと

本書のタイトルの中に「マインドフルネス」と「禅」という言葉を入れようと、最初から思っていました。私のこれまでの人生で深く関わったふたつのもの、曹洞宗の只管打坐を通して関わった「禅」、テーラワーダ仏教のヴィパッサナー瞑想を通して関わった「マインドフルネス」、この両者の関係をどうしても整理しておきたかったからです。

自分の人生を整理したいという個人的な理由もあるのですが、それより大きな理由として、禅とマインドフルネスには、日本の宗教の現場で、それればかりか日本社会の中でも、非常に大きな存在感を保ちながら、お互いをきちんと位置づけできていないという不安定さがつきまとっていたことがありました。この整理はきっと多くの人の役に立つと思ったのです。

禅とマインドフルネスは、歴史的に言っても、まったく別ものだから、お互いに適切な距離を取って、平和的共存を図ればいいという考えもあるでしょうが、それではもったいないのです。なぜかというと、両者がいい意味での緊張関係を保ちつつ、お互いの理解を図っていくことで、片方だけではこれまで見えなかった真実が見えてくるからです。私はすでに個人的にその果実を経験しました。見えてきた真実は、実は仏教史的にも、とても意味のあるものだと確信しています。

禅僧として、私自身がマインドフルネスに対して複雑な思いを抱いてきたことは、これまで何度も言及しました。禅僧としての私が全力でやっていたのは、内山興正老師から教わった「思いの手放し」。この世界は苦しみに満ちている。でもその苦しみは、自分の「思い」が作っている。我々は「思いの世界」に閉じ込められている。だから、苦しみを超えるために、「思いの世界」を出ていかなければならない。そのためにはすべての思いを手放していく。

ところが、マインドフルネスは、何かに気づけという。呼吸に、身体に、心の中の怒りに。「思いの手放し」と「何かに気づくこと」。これはやっぱりまったく違うものではないのか。思いを手放しているとき、何かに気づいているわけではない。逆に、何かに気づいているとき、他の思いは手放されてはいても、対象に気づいている思いはしっかり握られている。だからやはり、「思いの手放し」と「何かに気づくマインドフルネス」とは違うもの。

禅とは違うにもかかわらず、私がマインドフルネスの世界に深く関わっていったのは、やはり何かがそこにあったからです。マインドフルネスを実践している先生たちの、なんとも穏やかな様子はとても魅力的でした。一言でいうと「いつも上機嫌」なのです。私のミャンマーの師であるパオ・セヤドーは、いつもニコニコして冗談ばかり言われる、究極の明るい方でした。無理した明るさではなく、本当に心から安心しているところから来る明るさ。

マインドフルネスがもたらすものの豊かさを実感しつつ、同時に、禅宗からのマインドフルネス批判を常に意識せざるを得ないという、張り詰めた状態のまま、瞑想を進めていきました。それが結果としてよかったのかもしれません。もし、禅宗からの批判を知らなければ、容易に、主体と客体が分かれたところで観察するのが真のマインドフルネスと早合点し、何も疑問を持たなかったでしょう。

私たちがいつも、これが自分だと思っているもの、つまり普通の主体が気づくのなら、それは「思い」になってしまって、「思いの手放し」の対象になるだけ。また、それを実践した場合、普通の主体が、何かに気づき続けることは実践的に不可能であることがわかります。なぜなら、普通の主体は常に変化し、その対象は次々と変わっていくものなので、ひとつの対象、たとえば呼吸を見続けることはできない。できないというのは努力不足だからできないのではなく、原理的にできないということ。

また、マインドフルネスで要求される「好き嫌いなし、とらわれのない状態で、ありのままに」観察することも不可能です。普通の主体は、好き嫌い、判断などでできているから、それをなくそうとすると、自らを否定することになる。

しかし「午前三時問題」として取り上げたように、普通の主体の活動が止滅した状態でも、なおかつそれをクリアに認識することができる。なぜなら、普通の主体ではないもうひとつの主体があるからです。

そのもうひとつの主体は、午前三時という非常に特殊な状況（仏教用語では、それはもちろん涅槃であり、ニッバーナです）に突如現れるのではなく、実はいつだってマインドフルネスの主体である「もうひとつの私」であったということです。呼吸をマインドフルに観察しているのも、普通の主体ではなく、もうひとつの私のほう。だから、それができる。

ここまで来て、思いの手放しとマインドフルネスは、相矛盾するものではないことがわかります。普通の主体の思いを手放しにすることで、もうひとつの私が現れ、それがマインドフルネスをしている。

思いの手放しがなければ、マインドフルネスは、主客の枠組みに囚われたままだった。それがあったからこそ、マインドフルネスは、もうひとつの私の認識作用だとわかった。

マインドフルネスがなければ、普通の主体の思いを手放しても、その後どこへ進めばいいかわからなかった。それが、「もうひとつの私」のマインドフルネスへ進めばいいとわかった。

「もうひとつの私」が見えてきた今、何がわかるのでしょうか。一番大きなことは、これで生老病死の問題が解決するのです。

普通の主体は、生老病死する主体です。つまり、どこをどうあがこうが、生まれた以上、やがては年を取って、病気になって、死んでいくことは避けられない存在。

それに対して、「もうひとつの私」は、生まれることもない存在。だから、死ぬこともない存在。

我々はようやく、マインドフルネスの新しい定義に到達できたようです。マインドフルネスとは、「生まれることもない、死ぬこともない私」の認識作用。

逆からいうと、我々がマインドフルでいたとき、我々は、「生老病死する私」から、「生まれてもいない、死ぬこともない私」に主体がスイッチする。その新しい主体をリアルに実感できる。

ここまできて、なぜ、お釈迦様と道元禅師のダブル遺言が「不忘念＝念を忘れるな＝いつもマインドフルでいなさい」だったのかがわかりますね。おふたりの真意は、「いつも、生まれることも、死ぬこともない私でいなさい」ということでした。

「生まれて、年を取って、病気になって、死んでいく肉体としての私」と、「生まれてもいない、死ぬこともない私」このふたつの「私」が、この「私」のところに同時に存在している。それが、大乗仏教でよく言われる「生死即涅槃」です。何もむずかしい理論を必要としない、ストレートな事実です。

禅とマインドフルネスが、相手を完全に理解したときに、どういう化学反応が起こるのかもう明白でしょう。どちらかいっぽうだけが変わるのではなく、両者がともに同時に変わるのです。そしてそれは、統合されて「ひとつ」になる。もうふたつに分かれている必要はない。

それが、本書のタイトルを、「マインドフルネスと禅」ではなく、「マインドフルネス×《かける》禅」とした理由です。両者が掛け合わされて、統合し、やがてひとつになる。「もうひとつの私」は、理論的な想定ではありません。仮定の話ではなく、事実として存在します。思考が止まっていくのを観察できる、もうひとつの何かが確かにある。

これは体験的な事実であって、単なる理論ではありません。普通の主体という、こちら岸（此岸）の主人公に対して、向こう岸（彼岸）の主人公ともいえる。それは確かに存在しているから、瞑想の中で、そこに確実にジャンプしようという話です。

だから目的地がはっきりしている。思いを手放して、ただ坐禅をしている身体に戻り、そこに働いている「おんいのち」を感じるのとも違います。

思いを手放して、もうひとつの「私」の、明晰な意識にジャンプする。そこにあるのがマインドフルネス。それは、生老病死を超えているという構図です。

その「もうひとつの私」が今、世界を観察している。そのとき「私」は、般若心経の主人公である「観自在菩薩」になっている。その世界の光景は、般若心経の中で的確に描写されている。生死についても。

無無明、亦無無明尽。乃至無老死、亦無老死尽。

無明は輪廻が始まった根本原因。老死は生老病死の略で、人間が生まれて、年を取って、病気になって、死んでいくこと。でも、私たちはすでに知っています。輪廻転生は存在しない。生老病死も存在しない。

日本人は、一〇〇〇年以上の昔から、お葬式の中で般若心経を聞いてきました。私の大切な誰かは死んでしまったと悲しんでいる人に向かって、肉体が消えたとき、その人の存在も消えたのではなく、本当は消えてなどいないと伝えるためでした。本当の「私」は、生まれてもいないから、死ぬこともない。ただそれだけ。

私自身、数年前に父を亡くしました。

大学を出てすぐ出家した息子をずっと見守ってくれた父でした。私の将来のためにと、鎌倉の海辺に小さな庵を遺してくれました。現在、そこを拠点として活動しています。その庵は、父によって「一法庵」と名付けられました。一九八五年頃です。その頃は、私の中に「ワンダルマ」という考えすらなかったのですが、振り返れば驚くべき偶然です。今、一法庵を根城に、ワンダルマ(一法)の活動ができているのも、すべて父のおかげです。

私にとって本当に大切な父でした。その訃報を知って、父が滞在していた施設に急ぎ行き、父の亡骸に対面しました。悲しみに圧倒されるかと覚悟していたのですが、不思議と悲しい気持ちが湧かないのです。なぜだろう。あ、と気がつきました。父は消えてなどいないからでした。父は相変わらず存在している。それは、本当に確かなことでした。父の肉体はすでに心肺停止していましたが、父＝肉体ではないから、肉体がたとえ消えつつあっても、それは父が消えていくことでは、まったくない。このようなことを、ただただリアルに実感しました。

父は、青空の次元で、介護施設にいる母とも、息子であるこの私とも、永遠につながってくれている。そのことをはっきり感じて、驚くほど悲しくなかった。逆に何か満たされていました。父は亡くなる直前の数カ月間は、やはり病苦に苦しんでいたので、やっと父も苦しみから解放されたのだという安堵の思いとともに。

キリスト教の中でも霊操（キリスト教的な黙想、瞑想）を重要視する、カトリックの柳田敏洋神父との交流を通して、キリスト教の中の「私」の二重構造にも触れつつあります。

イエス様が残された不思議な言葉。「私はこの世には所属していない」(ヨハネによる福音書17:16)

そうか、イエス様は特別だからだ。この世に所属し、この世の中で苦しんでいる私たちを救うために、この世以外の場所からやってこられたからだ。

そう思っていたのですが、今はまったく違う風景が見えます。そう、私たち全員が、そもそもこの世には所属していない。「この世に所属していない私」と「この世に所属している私」の二重構造になっている。私たち人間すべてが、です。それがわかったとき、「イエス・キリストとは誰か」という認識も、がらりと変わってくるでしょう。

柳田神父によると、イエス・キリストとは何者かというキリスト論上の問題は、初代教会(西暦三八〇年にローマ帝国の国教とされる以前に成立したキリスト教会のこと)、そしてそれに引き続く古代教会(現代につながる中世キリスト教の教会組織が成立する六世紀以前の古い教会組織のこと）で数百年間論じられてきたようですが、その問題の背後には、本当の「私」とは誰か、という問題があると言われます。

イエス様ひとりが、この世に所属しないのではなく、私たち全員がこの世に所属しない存在であるとすれば、イエス様とは、単に信じるべき対象というわけではなくなります。イエス・キリストは「まことの人でありかつまことの神」というのが、カトリックの信仰理解のようですが、イエス・キリストの真の「私」とは、「まことの神」として「この『私』」にあるということが見えてきます。

柳田神父は、私たち人間に「『私』の二重構造」が見えてきたことは、エゴの突破と、真の自己としての目覚め、真の自己として生きることに、とても豊かな示唆を与えてくれるものだ、と言われます。

結論は明らかですね。信仰すべき存在というよりも、「人間の向かうべき姿としてのイエス・キリスト」。アップデートは仏教だけのことではなく、キリスト教も大きく変わっていくのを、今、私たちは目にしているのかもしれません。

そのとき、ヨハネがいうところの「死からいのちへ移る」（ヨハネ第一の手紙3：14）という言葉は、ようやく理解されるのではないでしょうか。「生まれて、年を取って、病気になって死んでいく私」すなわち「此岸」から、「生まれてもいない、だから死ぬこともない私」すなわち「彼岸」にジャンプすることが、ヨハネの、私たちに伝えたかったことだったのでしょう。では、どうやって移るのか。

「わたしたちは、兄弟を愛しているので、死からいのちへ移ってきたことを、知っている。愛さない者は、死のうちにとどまっている」

兄弟を愛することで移るのです。つまり慈悲の力によって。「マインドフルネス×禅」とまったく同じです。

どうやら、「私の二重構造」という観点から、イエス様の言葉も理解できるようです。この視点ならば、仏典も聖書も、すべての聖なるテクストが読めるのです。なぜなら、それらはみな、このリアリティのことを語っているから。

最後に、お釈迦様ご自身の言葉を引用しておきましょう。『ウダーナ（自説経）』の中にある、非常に有名な箇所です。

比丘達よ、生ぜず、成らず、形成されず、条件付けられていないものが存在する。比丘達よ、この、生ぜず、成らず、形成されず、条件付けられていないものが存在しなかったならば、この世において、生じ、成り、形成され、条件付けられたものを出離することが知られることはないであろう。比丘たちよ、生ぜず、成らず、形成されず、条件付けられていないものが存在するからこそ、生じ、成り、形成され、条件付けられたものを出離することが知られるのである

生ぜず、成らず、形成されず、条件付けられていないものが存在する。それは、どこにあるのでしょうか。

自分の外に、でしょうか。

自分の精神的要素であるナーマ。物質的要素であるルーパ。それらは縁によって生

じて滅するものでした。仏教の基本教義に基づけば、無常であり、苦であり、無我であるものでした。それらが活発に動き、怒りや欲望、無知によって、苦しみの世界が作られてゆく。だから一生懸命ヴィパッサナーして、ナーマとルーパが無常、苦、無我であると観察していく。パーリ語だと、アニッチャ、ドゥッカ、アナッタ。私自身、ミャンマーのパオ森林僧院でそのように観察《ヴィパッサナー》して修行しました。

この過程で不思議なことが起こります。無常、苦、無我の世界を、まったく違うところから観つめている。お釈迦様の言葉を使えば、「生ぜず、成らず、形成されず、条件付けられていないもの」の場所に立っているのです。誰が？「私」自身が、です。その場所から観察することがヴィパッサナーであり、そこからの視線がマインドフルネスでした。

その場所は、単なる場所ではない。「私」自身であったのです。

生ぜず、成らず、形成されず、条件付けられていない私。
生じ、成り、形成され、条件付けられた私。

私たちは最初から、この二重構造になっていた。それがわからないから、ここまで苦しんできてしまった。死んだら終わりだ！　と、絶望の中で自棄になっていた。

せっかくマインドフルネス、ヴィパッサナーを習っても、「生じ、成り、形成され、条件付けられた私」が、対象を観察しよう、とらわれをなくそうとがんばってしまうゆえに、そうすることは決してできなくて、訳のわからないことになった。

でも、これからは違います。「私」が最初から二重構造になっていることを知っている私たちは、死んだら終わりなどという絶望に、もう、とらわれることはありません。この絶望が、私たちの人生をどれほど蝕んできたか。逆にいうと、この絶望から解放された私たちには、まったく新しい世界が待っているということです。

新しい世界が生まれたとき、新しい人も生まれる。

テーラワーダの国からやってきたマインドフルネスが、日本の風土にしっかり根付いた禅と出合うことで、今、まったく新しいことが始まりつつあります。

おわりに

「マインドフルネス×禅」で、あなたの雑念はすっきり消えたでしょうか。

この本を最後まで読んでくださった方は、すでに正解に行きついたことと思います。「本当の私」は、雑念（心配、怒り、嫉妬、後悔、イライラなど）が盛んに起こっている場所にはいない。だからどんなに雑念が起こっても、それによって邪魔されることはない。

そのことに真に納得がいったとき、雑念は嘘のように消え、喜びにみちた静寂が、みなさんの中に広がっているでしょう。不快だから、なんとかなくそう、抑えつけよう、と、すればするほど、どんどん大きくなっていった雑念。もう、それに悩まされることはありません。

そして、そのことがわかったとき、日々の雑念以上に皆さんを苦しめていたものも、消えると言えます。それは、「死に対する不安や恐怖」です。

どこをどうあがいても、死んだら終わりだ、ゼロになる。そんな絶望に打ちのめされて、そのことを考えまいとびくびく生きていた人生にも、ピリオドを打てます。死んだら終わりではない。内山興正老師は「死んでも死なない　おんいのち」と表現されましたが、もとより生死《しょうじ》そのものが幻想だと、今のみなさんには明瞭に見えているでしょう。私たちは、そもそも、生まれてもいない。だから当然、死ぬこともない。まさに、般若心経の主人公である、観自在菩薩に観えている風景です。

今述べた、心に刺さった棘のような絶望が消えたとき、私たちの日常は変わります。まず、人間関係が変わるでしょう。男と女が出会い、愛し合うことによってスタートしたはずの「家族」というものが、現在、あまりにも多くの人にとって、最大の苦しみの原因になっているという矛盾。家族のメンバー同士、本来は愛し合うはずだったのに、お互いにネガティブな感情を抱いてしまう。家族だから、関係を断って逃げるわけにもいかないという袋小路。日本だけでなく、世界のあらゆる場所で見られるこの不幸にも、終止符が打てます。

「本当の私」の場所とは、浄土仏教のいう「倶会一処《くえいっしょ》」の場所。すべての人と人が、慈悲の中で出会える場所。そこでは、すでにこの世を去ったおじいちゃん、おばあちゃんにも会えます。また、長い間憎み合っていた相手に出会ったとしても、あの怒りと憎しみはまるで根拠のない幻だったように消え、相手の幸せを強く祈ることしか、もうその場所ではできません。地球上のすべての家庭が、メンバー同士が、愛し合う場所に再び戻ります。

この二十数年前より、テーラワーダ仏教の国より日本に到着したマインドフルネスが、日本の風土にしっかり根付いてきた禅と出合うことによって、今、以上のような奇跡が起こりつつあります。その現場からの報告を多くの人に届けたいというのが、本書執筆の根本的な動機です。これだけ重要なできごとを、ある一部の人たちだけのものにしておくのはもったいなさすぎるので。

日本に仏教が伝来したのは、聖徳太子が活躍した飛鳥時代です。それ以降、日本の仏教は、主にまず貴族階級を中心に発展を遂げた後、平安後期から鎌倉時代にかけて、お念仏、坐禅、お題目などを通して、民衆の日常生活レベルにまで広がっていきました。それが、日本仏教史上最初の「バージョンアップ」と言えるでしょう。そして今、二一世紀初頭の日本で私たちが目にしているのは、鎌倉時代以来、およそ八〇〇年ぶりの二度目のバージョンアップとも言えるでしょう。

この、マインドフルネスと禅が出合うことにより、今、大きな地殻変動が起きていることに気づかれたのが、集英社の学芸編集部の岸尾昌子さんです。昨年、岸尾さんから本書執筆のオファーをいただいたとき、願ってもない機会だと思い、喜んでお引き受けしました。私自身、テーラワーダのマインドフルネスについては、すでにいくつかの書籍も執筆していますが、禅、そして道元禅師については、真正面から取り上げたことはなかったので、非常にいい機会だと思ったのです。

道元禅師のテクストは、朝日カルチャーセンター新宿教室で、受講生と一緒に連続して講読しています。本書の中で現代語訳した『普勧坐禅儀』のほかにも、『学道用心集』『正法眼蔵生死』『正法眼蔵唯仏与仏』『正法眼蔵八大人覚』などを講読してきました。講座を担当されている荒井清恵さんにも、そのエッセンスを伝える本書の執筆を応援していただきました。ありがとうございます。本書を読まれて興味を持った方は、ぜひ朝日カルチャーの私の講座にもおいでください。二〇一八年七月からは般若心経を読んでいます（※本書執筆時現在）。

本文で述べたように、私のミャンマーで「マインドフルネス」を修行していた時期は二一世紀の初頭だったので、まだまだ記憶も新しいのですが、「禅」そして「只管打坐」の時期は、もう三〇年以上前からです。もしかしたら、私の記憶違いもあるやもしれないと思っていたとき、安泰寺の大先輩の奥村正博さん（アメリカ・インディアナ州三心寺住職）が、アメリカより久しぶりに一時帰国されて、各地で講演会をするので、私とも対談しませんかというオファーがありました。「只管打坐とマインドフルネス」という、そのものズバリのテーマで。この主題を話し合う相手として、奥村さん以上に適任の方はいらっしゃいません。なぜなら、奥村さんは内山興正老師の直弟子として、老師の本および道元禅師のテクストの英訳をされており、また、アメリカで、英語で坐禅を指導されており、そしてもちろん、只管打坐を本気で何十年も修行されているのですから。

七月末の鎌倉で、一晩たっぷりと対談させていただいたところ、滞りがちだった本書の執筆が、その後一気に進みました。私の只管打坐の理解が、内山興正老師の教えそのままだと、正確な確認がとれたので、それが執筆への自信につながったのです。正博さん、本当にありがとうございました。

そのほかに、お名前を挙げることはいたしませんが、大勢の方々との出会いが、本書の内容を支えています。みなさん、ありがとうございました。

ブックデザインは、鈴木成一デザイン室の手により、ご覧のようなすばらしい装丁になりました。青空と白い雲が、そのままカバーと帯になっています。帯を取ると、そこは青空が無限に広がっている。最初に見本を拝見したとき、ここまで本の中身を装丁として表現できるのかと、心底驚きました。鈴木成一デザイン室のみなさん、本当にありがとうございました。

最後になりましたが、一法庵のサンガのみなさんからは、いつもさまざまなフィードバックをいただいています。この本で書かれていることは、ほとんど一法庵の活動——瞑想会、リトリートなど——において、ダルマシェアリングの時間に話し合われたものがもとになっています。ひとりでただ瞑想するのではなく、その瞑想で得た体験をお互いにシェアすることで、どれほど理解が深まり、豊かな世界が広がっていくことか。一法庵サンガの成長ぶりには、私のほうがいつも驚かされています。みなさんどうもありがとう。

本書によって、読者のみなさんの人生に、何か新しきものが生まれたとしたら、筆者として、それ以上の喜びはありません。

奥多摩 御岳山 お盆接心にて

二〇一八年八月

鎌倉一法庵　山下良道

山下良道　やましたりょうどう（スダンマチャーラ比丘）

一九五六年、東京生れ。鎌倉一法庵住職。東京外国語大学仏語科卒業。大学卒業後、曹洞宗僧侶となり一九八八年アメリカのヴァレー禅堂で布教、のち京都曹洞禅センター、渓声禅堂で坐禅指導。二〇〇一年ミャンマーで具足戒を受け比丘になる。二〇〇六年帰国後、現在は「ワンダルマ仏教僧」として鎌倉一法庵を拠点に国内外で坐禅指導を行う。著書に藤田一照師との共著『アップデートする仏教』（幻冬舎新書）、『青空としてのわたし』（幻冬舎）、『本当の自分とつながる瞑想入門』（河出書房新社）、藤田一照師と永井均氏との共著『〈仏教3・0〉を哲学する』（春秋社）、『光の中のマインドフルネス』（サンガ）がある。http://www.onedhamma.com/

「マインドフルネス×禅《かけるぜん》」で
あなたの雑念《ざつねん》はすっきり消《き》える

二〇一八年一〇月一〇日　第一刷発行

著者　山下良道《やましたりょうどう》
発行者　茨木政彦
発行所　株式会社　集英社
〒一〇一-八〇五〇　東京都千代田区一ツ橋二-五-一〇
電話〇三-三二三〇-六一四一（編集部）
〇三-三二三〇-六〇八〇（読者係）
〇三-三二三〇-六三九三（販売部・書店専用）
印刷所　図書印刷株式会社
製本　株式会社ブックアート

 ISBN978-4-08-781666-2 C0095